Ines Stickler

mainhattanmanhattan

lebensgeschichten aus zwei metropolen

B VERLAG

Bildnachweis:

Anika Kempf:
67, 68, 69, 70, 73, 76, 77, 80, 85, 119, 120, 121, 122, 124, 127, 161, 163, 164 unten, 167, 169, 171, 173, 174, 176, 181, 183, 187, 190, 193, 194, 197, 200, 201, 203, 204, 209
Ahron Weiner:
Seite 14, 23, 24, 26, 29, 31, 32, 38, 39, 42, 47, 48, 51, 52, 55, 56, 62, 74, 86, 91, 92, 95, 99, 100, 102, 103, 105, 107, 115, 116, 128, 131, 132, 135, 141, 142, 145, 146, 149, 150, 152, 155, 156, 170, 184, 198
Martin Schoeller:
Seiten 34, 35, 36, 37: © Close Up by Martin Schoeller, erschienen im teNeues Verlag, € 45, Photos © Martin Schoeller
B3 Verlag:
Seite 10, 33, 49, 63, 75, 87, 101, 117, 129, 143, 157, 171, 185, 199 (mit freundlicher Genehmigung der Fraport AG)
Seite 189 Jazzkeller Frankfurt am Main (Bild oben: Carlo Bohländer mit Bill Ramsey; unten: Carlo Bohländer, rechts, mit Dizzy Gillespie)
Ansonsten bei den Personen wie benannt.

Impressum

Kontakt und weitere Informationen zum Verlagsprogramm des B3 Verlages unter:
www.bedrei.de

Artwork und Umschlag: Norbert Hetkamp
Umschlagmotive: oben: Anika Köhne, unten: Ahron Weiner
Lektorat: Dr. Andrea Rinnert, Frankfurt
Druck und Bindung: Holtz AG, Neudrossenfeld

ISBN 978-3-938783-53-5

zu diesem buch

mainhattan, manhattan. manhattan, mainhattan.

Was ist das? Hochmut und Größenwahn – oder wahnsinniger Mut? Selbstbewusstsein oder Selbstüberschätzung? Anbiederung oder liebevolles Kompliment? Oder einfach nur eine schöne Wortspielerei?
Von allem ein bisschen, vielleicht.

Geht es um die Fakten, um größer, höher, schneller, weiter, hat Frankfurt gegenüber New York eindeutig das Nachsehen. Zwar mit 21,2 Millionen Einwohnern im Ballungsraum nicht an der Spitze der Metropolen, trägt New York dennoch den Titel "Hauptstadt der Welt". New York ist die bei Weitem größte Stadt der USA, das wohl wichtigste Wirtschaftszentrum der Welt, eine der faszinierendsten und multikulturellsten Mega-Citys. Wer am Times Square in die lilafarbene Linie 7 steigt, reist für zwei Dollar um den Erdball.

In der ruckeligen Hochlinie geht die Fahrt Richtung Queens vorbei an einer türkischen Moschee, an philippinischen Bars und thailändischen Imbissbutzen, irischen Pubs und am rumänischen Friedhof. In New York werden mehr als 100 Sprachen gesprochen, schätzungsweise 12.000 Taxis kutschieren durch die Häuserschluchten, es gibt 4.000 Stätten der Andacht, 5.400 Hochhäuser und auf jeden New Yorker kommen neun Ratten. Dazu schieben sich Jahr für Jahr rund 35 Millionen Besucher über die Avenues und Streets – the Big Apple, Stadt der unbegrenzten Unmöglichkeiten.

Und Frankfurt? Kleinmachen muss sich die Stadt am Main ganz sicher nicht. Die Frankfurter Schätze sind andere. Auf eine mehr als 1.200 Jahre dauernde Geschichte blickt Frankfurt zurück. Die erste Nationalversammlung tagte 1848 in der Paulskirche. Frankfurt ist die Stadt der Banken – mit der Europäischen Zentralbank gar Hüterin des Euro – , der Literatur, der Musik, des Tanzes, des Sports, der Kunst. Frankfurt schafft, was nur wenigen Städten gelingt: gleichzeitig Dorf und Weltstadt zu sein. Ein spannendes, manchmal ein gespanntes Miteinander.

Was eine Stadt wirklich ausmacht, sind die Menschen, hier und dort. Wer eine Stadt verlässt, um in einer anderen das Glück zu suchen, braucht Mut, Energie, Kraft, muss ein bisschen verrückt sein und darf Angst haben. All das zeichnet die Frankfurter und New Yorker Frauen und Männer aus, die in diesem Buch porträtiert werden.

Sie, liebe Leserinnen und Leser, müssen sich nicht entscheiden zwischen Manhattan und Mainhattan. Entdecken Sie die neue schöne Welt in der Parfümerie von Robert Gerstner und Karl Bradl in Greenwich Village; verbringen Sie einen apfelweinseeligen Abend im "Balalaika" in Sachsenhausen; gehen Sie eine Runde trainieren mit Ralf Hennig.
Verstehen Sie dieses Buch mit seinen unterschiedlichen Stadt-Ansichten auch als literarischen Reiseführer. Mit den Personen ziehen Sie los, erkunden ihre Viertel, ihre Arbeitsplätze, lernen ihre Lieblingsbar kennen und die romantischste Brücke im Park. Vielleicht spüren Sie so etwas wie vertraute Nähe, vielleicht wagen Sie ein Abenteuer.

Halten Sie es mit Johann Wolfgang von Goethe: "In einer Stadt wie Frankfurt befindet man sich in einer wunderlichen Lage; immer sich kreuzende Fremde deuten nach allen Weltgegenden hin und erwecken immer Reiselust."

Irgendwo zwischen New York, London und Frankfurt,
im Sommer 2008
Ines Stickler

mainhattan petra roth

vorwort

Liebe Leserinnen und Leser,

Frankfurt am Main hat seinen eigenen Charme - gerade und trotz einiger Parallelen zu New York. Auch wenn mancher Frankfurter schon etwas stolz ist, wenn beide Städte miteinander verglichen werden, so sind stets die Größenunterschiede zu beachten.

Spezifische Momente der Urbanität zeigen sich indes in New York wie in Frankfurt. Kunst und Kultur haben einen hohen Stellenwert neben der Ausrichtung der Stadt auf die Stellung und die Bedeutung einer wirtschaftlichen Metropole. Ebenso prägend sind die Skyline und das Selbstverständnis einer von Weltoffenheit und Internationalität geprägten Stadt. Und Big Apple und Äppelwoi sind nicht nur Begriffe, sondern jeweils charakterisierende Merkmale, welche die Städte unverwechselbar machen und hinter denen sich zugleich eine besondere Lebenseinstellung verbirgt.

Aber in erster Linie sind es die Menschen, die eine Stadt machen, die ihr ein besonderes Gepräge geben. Und wir haben in Frankfurt stets Persönlichkeiten, die Weltläufigkeit mit lokaler Verwurzelung verbinden und auch daher eine fesselnde Ausstrahlung haben. Und nicht wenige pflegen intensive Kontakte in viele Länder unseres Globus, auch in die USA und insbesondere zu New York; und mancher lebte auch auf der anderen Seite des Großen Teiches.
Die Menschen in den Städten am Hudson und am Main fiebern nicht nur dort beim Football und hier beim Fußball, sie nehmen die Bandbreite des Kulturangebots für beinahe selbstverständlich. Vielleicht werden unbewusst von deutscher Seite beide Metropolen miteinander in Beziehung gesetzt, weil sie beide keine Hauptstadt sind, dennoch aufgrund mancherlei Ursachen eine Bedeutung auf dem Feld der Politik haben.

Nichts ist für den Menschen interessanter als der Mensch. Im Wechselspiel mit Städten, die Charakter haben, verstärkt sich dieser Eindruck. New York und Frankfurt bieten Chancen für ihre Bewohner, denn ihnen gehört die Zukunft.

Petra Roth
Oberbürgermeisterin von Frankfurt am Main

Helaba

manhattan dr. hans-jürgen heimsoeth

vorwort

Liebe Leserinnen und Leser,

Kreativität, Offenheit, kulturelle Vielfalt, Lebenslust - das ist New York. Die Freiheitsstatue, das Empire State Building oder der Broadway - wer an New York denkt, dem fallen nur Superlative ein. Jeden Tag kommen Tausende Touristen hierher, um - zumindest für einen kurzen Moment - dieses oft besungene Lebensgefühl in sich aufzunehmen. Bis heute hat der Big Apple nichts von seiner Anziehungskraft verloren.

New York, als Anlaufhafen für Millionen von Einwanderern, steht auch für den Start ins persönliche Glück. Dies galt und gilt auch für Deutsche. Mit der Übersiedelung deutscher Immigranten wurde die Metropole im 19. Jahrhundert zur drittgrößten deutschsprachigen Stadt der Welt. Jeder Einzelne von ihnen hinterließ seine ganz individuellen Spuren und machte die Stadt zu dem einmaligen Ort multikultureller Vielfalt, der sie heute ist. Zahlreiche architektonische und kulturelle Wahrzeichen des Big Apple wur-

den von Deutschen initiiert. Die Brooklyn Bridge, konstruiert vom deutschen Ingenieur Johann August Röbling, feiert in diesem Jahr ihr grandioses 125. Jubiläum. Walter Gropius und Ludwig Mies van der Rohe, um bei den großen Architekten zu bleiben, schufen mit dem Met Life sowie dem Seagram Building weitere architektonische Glanzlichter. Von hier traten die Steinway-Pianos des Seeseners Heinrich Engelhardt Steinweg ihren weltweiten Erfolgszug durch die Konzerthallen der Welt an.

Noch heute finden täglich zahlreiche Deutsche ihren Weg nach New York. Einige Lebensgeschichten finden Sie in diesem Buch. Sie alle haben hier, sei es als Zwischenstation, sei es dauerhaft, ihren Platz gefunden. Aber auch umgekehrt übt Frankfurt, die Stadt, die von Weltoffenheit, Toleranz und Modernität geprägt ist, Faszination auf New Yorker aus, die in "Mainhattan" ihr Glück suchen.

Ich wünsche Ihnen eine anregende Lektüre und hoffe, dass auch Sie in den lebendigen Geschichten das gewisse Etwas dieser atemberaubenden Stadt aufspüren können.

Dr. Hans-Jürgen Heimsoeth
Generalkonsul der Bundesrepublik Deutschland in New York
(2005 bis 2008, im Zuge der Rotation im Auswärtigen Amt künftig Botschafter in Kiew)

MetLife

mainhattanmanhattan

lebensgeschichten aus zwei metropolen

inhalt

inhalt

peter drew – der spurensucher

Sein neues Leben begann, als das Schiff, auf dem er mit der Mutter aus Nazi-Deutschland floh, im Hafen von New York anlegte. Stück für Stück trägt er zusammen, was er aus seinem alten Leben zurücklassen musste.

Erinnerungen an die Flucht mit seiner Mutter aus Deutschland hat Peter Drew kaum, dafür war er noch zu klein, drei Jahre alt. Umso wichtiger sind ihm die wenigen Schwarz-Weiß-Aufnahmen, die ihm die Mutter hinterlassen hat, und die Dokumente und Unterlagen, die er mühselig zusammenträgt. Im Archiv der "New York Times" ist er neulich auf eine Rubrik gestoßen, sie ist überschrieben mit "Incoming Passenger and Mail Ships"; vermerkt sind alle Schiffe, die am 1. April 1938 am Dock an der 44. Straße in New York eingelaufen sind. Darunter die "Hamburg". Zu gern wüsste er noch mehr über die Reise, er sucht nach der Passagierliste, nach Namen, nach Zahlen - einfach nach allem.

Neun Tage dauerte die Fahrt mit der "Hamburg" über den Großen Teich. Der Großvater

hatte ihn, Peter, und seine Mutter Liesel am 23. März 1938 zum Hafen in Cuxhaven gebracht. Ein Foto dokumentiert, wie die drei Hand in Hand mit festen Schritten über die Holzplanken laufen, der tadellos gekleidete alte Herr, die elegante junge Frau, der Junge, der sich an den Griff der Hutschachtel klammert. Viel Gepäck hatten sie nicht dabei, eine Handtasche, eine Schachtel, einen kleinen Koffer, 100 Kilo an Habseligkeiten waren den jüdischen Emigranten erlaubt. Gerade genug Platz für ein paar Teile des guten Rosenthal-Porzellans, ein bisschen Kleidung, ein paar Fotos.

Das Geschirr hat Peter Drew seiner Tochter vermacht. Für sie und die beiden Enkeltöchter will er seine Geschichte, ihre Familiengeschichte aufarbeiten: "Ich möchte das gern so haben", sagt er. In einem Album kleben ordentlich die Bilder, 38 wertvolle Momentaufnahmen. "Peter's Birthplace", Peters Geburtsort, ist mit krakeliger Bleistift-Schrift auf einer Ansichtskarte notiert. Sie zeigt ein herrschaftliches Haus, fünf Stockwerke hoch, der gepflegte Vorgarten ist von einem Eisenzaun umgeben. Holzhausenstraße Nummer 5, hier, im Westend-Nord, kam Hans-Peter Drewienka am 7. November 1935 auf die Welt; eine Entbindung im Krankenhaus war Juden zu dieser Zeit bereits verboten. In "Peter Drew" benannte ihn sein Vater später in New York um, weil das weniger nach dessen polnischer Herkunft, sondern durchaus amerikanisch klingt.

Diesen Teil seiner Lebensgeschichte kennt Peter Drew nur von Erzählungen. Ganz vorne auf der Kante des Sofas sitzt er in seinem Apartment an der Upper East Side, während er berichtet. Ein stattlicher Mann, groß, einer, auf den man zählen kann, der einem ein gutes Gefühl gibt. Dabei ist er derjenige, der Halt braucht, Nähe, gute Worte. Selten lehnt er sich entspannt zurück in die Kissen, lächelt, lässt los. Zu viel treibt ihn um, sein Kopf ist voll, voller Fragen, auf die ihm niemand Antworten geben kann. "Manchmal wache ich nachts auf und habe eine Szene vor Augen, kann sie aber nicht einordnen." Meist sind das Szenen aus dem Heim, in dem er einen Großteil seiner Kindheit verbracht hat.

Das Schicksal hatte es nicht gut gemeint mit der jungen Familie Drew, ihr Traum vom Neuanfang in der Neuen Welt entwickelte sich zu einem Albtraum. Beizeiten schon hatte Georg Drew gespürt, dass sie wegmüssen aus Deutschland. Seine junge Ehefrau brachte er von Frankfurt am Main zu ihren Eltern nach Freiburg im Breisgau, bevor er vorausreiste in die USA, alle Hebel in Bewegung setzte, um ein "Affidavit" beizubringen, die Bürgschaftserklärung eines Verwandten aus Manhattan. Längst hatte Amerika seine Einreisebestimmungen verschärft und Einwandererquoten eingeführt. Die Familie war anfangs in Washington Heights untergebracht,

dort, am nördlichsten Zipfel Manhattans, wo viele Juden aus Deutschland ihre erste Bleibe fanden. Der jüdische Humor ist ein besonderer, schwarz, subtil, spöttisch: "Wir nannten Washington Heights das 'vierte Reich'", sagt Drew. Keine zwei Jahre nach der Ankunft in New York starb der Vater.

Traumatisiert vom Tod ihres Ehemannes, auf sich gestellt mit einem Kind in einer fremden Stadt, erblindete Liesel Drew vorübergehend. "Die Mutter musste mich weggeben." Er sagt das ohne Zorn, ohne Bitterkeit, "was sonst hätte sie tun können?" So, wie Peter Drew dasitzt, ruhig, konzentriert, ist es kaum vorstellbar: "Die Zeit im Kinderheim hat aus mir einen Rebellen gemacht." Fort, immer nur fort habe er gewollt. Vier Jahre verbrachte Peter Drew im Heim, bevor ihn seine Mutter, die mittlerweile als Haushälterin eine Stelle bei einer Familie an der vornehmen Upper West Side gefunden hatte, zu sich holen durfte. Zwar raus aus der Einrichtung, war er doch weiterhin eingesperrt. "Nirgendwo anders als im Maid's Room, der Kammer meiner Mutter, durfte ich mich aufhalten, das war eine strenge Auflage der Hausherrin."

Im Frühjahr 1944 hatte die Mutter wieder geheiratet, einen jüdischen Metzger, der bereits 1910 aus Deutschland fortgegangen war. Er bot ihnen, was sie so dringend brauchten: ein Heim, Geborgenheit, Halt, eine Familie. "Er hat uns gerettet." Vor allem auch sein Stiefbruder habe eine wichtige Rolle für ihn gespielt, ihm geholfen, seinen Platz im Leben zu finden. So oft habe er sich von Lehrern und Professoren den Satz anhören müssen: "Peter, du bist doch so gescheit, warum bist du nur so aufmüpfig?" Sie verstanden einfach nicht. Wie auch. Sein Leben hat er schließlich in den Griff gekriegt, das Künstlerische lag ihm ebenso wie der Mutter, die gerne Schauspielerin geworden wäre. Auf einem Schiff reiste er als Tänzer um die Welt, als Lehrer und später als Gastprofessor für Film war er tätig.

Dass er heute hier lebt, an der Upper East Side, war Deannes Wunsch. Deanne, die zierliche Frau mit dem schwarzen Lockenkopf, ist sein spätes Glück nach der Scheidung von seiner ersten Frau vor mehr als 25 Jahren. Zum ersten Mal sind sie sich 1973 begegnet, bei einer Fakultätsparty, dann wieder 2002, weil es der Zufall so wollte. Im Oktober 2006 war Hochzeit, eine kleine Feier in einem nahe gelegenen schicken Hotel mit 70 Personen, lieben Verwandten, guten Freunden. Seitdem ist das Apartment im 14. Stock ihr Zuhause, in jener Gegend zwischen Central Park und East River, die als besonders kultiviert gilt, gar als eine der teuersten Stadtlandschaften der Welt. "Silk Stocking District", sagt man auch, in den exquisiten Stadthäusern abseits der Madison Avenue wohnen feine und vornehme Herrschaften. Um die Jahrhundertwende herum waren etliche Familien der High Society an

die Upper East Side gezogen; in vielen Häusern sind heute Museen und Botschaften untergebracht. Immer schon war die Upper East Side auch bevorzugtes Viertel der immigrierten Deutschen, Ungarn und Tschechen.
In einer Ecke im Wohnzimmer des lichtdurchfluteten Apartments hat sich Peter Drew eine kleine Musikecke eingerichtet, ein Stuhl, ein Notenständer, an der Wand lehnen zwei Didgeridoos und seine Klarinette. In St. Albans in Queens tritt er mit einer Jazzgruppe im Veterans Hospital auf, viele Arrangements stammen aus seiner Feder.

Eine andere große Leidenschaft, das Reisen nämlich, verbindet Peter mit Deanne. Auch nach Frankfurt sind sie gefahren, 2005 war das, er wollte es noch einmal sehen, "Nummer 5 Holzhausenstraße", sagt er, eben so, wie die Amerikaner Adressen bezeichnen. "Deanne hat geweint, als wir da standen und auf das Haus geschaut haben." In ihm, da habe es ein bisschen gewühlt. Und doch: "Es war mir fremd, ich bin fremd." Sicher ist er sich nicht: Haben die Drewienkas, Liesel, Georg und Hans-Peter, im vierten oder im fünften Stock gelebt? Anhand seines Fotos kann er es nicht genau bestimmen, das Bild zeigt, wie er auf dem Balkon bei dem Vater auf dem Schoß sitzt, ein zufriedenes Baby mit Pausbacken und Speckärmchen. Natürlich haben sie den Moment mit der Kamera festgehalten, Peter und Deanne Arm in Arm vor dem Haus.

Mit einem Stadtführer haben sie Frankfurt erkundet, haben jüdische Spuren zwischen dem Osten der Stadt und dem Westend verfolgt. An die 30.000 Juden lebten einst in Frankfurt, die Namen Rothschild, Oppenheimer oder Buber sind eng mit der Geschichte Frankfurts verwoben. Von jüdischen Privatbanken wurden nahezu zwei Drittel des örtlichen Finanzgeschäfts abgewickelt; viele Stiftungen taten Gutes für die Kunst, die Wissenschaft, für Kranke und Alte. Mit dem Ausbruch des Zweiten Weltkriegs und der Deportation brachen ganze Wirtschaftsbereiche zusammen. Vom Maintower aus haben Peter und Deanne fasziniert die Stadt zu ihren Füßen betrachtet, und in den Taunus sind sie zum Essen gefahren.

Nach Deutschland zu reisen schreckt ihn nicht. Kein Groll ist da auf dieses Land, in dem ein Teil seiner Familie vertrieben, der andere ausgelöscht wurde. In den 60ern, bevor er sein Universitätsstudium aufnahm, hatte Peter Drew sogar nach einem Job in Deutschland Ausschau gehalten, in Wiesbaden hätte er gern im Filmverleih für die Army gearbeitet. Weshalb er zurückkehrt in das Land der Täter, können manche jüdischen Freunde schwer begreifen. "Ich möchte den Nazis keinen Sieg schenken. Frankfurt ist nicht judenfrei, Freiburg ist nicht judenfrei." Er habe doch keinen Hass auf Deutschland. "Ich beurteile Menschen nicht nach ihrer Herkunft, aber sehr wohl nach ihrer Persönlichkeit. Man muss trauen können", sagt er.

Auf Deutsch zu schreiben, das falle ihm schwer, sagt Peter Drew. Doch wenn er Deutsch redet, fehlen ihm nur ganz selten Wörter und sogar Sprichwörter fallen ihm ein. Das vom alten Baum etwa, den man nicht mehr verpflanzt. Sein Großvater, der, der ihn und die Mutter damals zur "Hamburg" gebracht hatte, war ein solch alter Baum. Nach seiner Befreiung aus Theresienstadt im Frühjahr 1945 – seine Frau, Peter Drews Großmutter, starb im Konzentrationslager – reiste er zu Tochter und Enkel nach New York, fand sofort eine Stelle in einer Kunstblumenfabrik – und ging wieder fort, heim. "Mit meiner Mutter habe ich Deutsch und Englisch gesprochen, in der Schule Deutsch gelernt, an der Universität neben Politikwissenschaft und Internationalen Beziehungen auch Deutsch studiert." Denkt er an Deutschland, denkt er an den Sauerbraten und den Kalbsbraten, den die Mutter ab und an für ihn gekocht hat. Seine Manieren, die seien deutsch, erklärt er, die Pünktlichkeit anerzogen. "Kaum war ich eine Minute zu spät, wartete Mutter an der Tür auf mich." Mit 99 ist sie im Jahr 2004 gestorben, zuletzt lebte sie in einem Heim für betreutes Wohnen. Seine

Muttersprache spricht er seitdem ganz selten. In deutsche Literatur vertieft er sich, Franz Wedekind beispielsweise, und mit deutschen Touristen unterhält er sich gern.

Seit zehn Jahren ist Peter Drew ein Big Apple Greeter. 400 Ehrenamtliche gehören der Organisation an, sie führen New-York-Besucher in ihrer Freizeit durch die Stadt, erzählen Geschichten, etwa von den 160 Nationen, die in Queens leben; erklären, welche Züge uptown und welche downtown fahren; erobern mit ihnen Harlem oder die Bronx, weil diese Viertel immer noch ein mulmiges Gefühl von Mord und Totschlag auslösen. Ein Satz, den er häufig auf seinen Touren hört: "Ich bin gern zu Besuch in der Stadt, aber leben möchte ich hier nicht." Peter Drews Antwort ist simpel: "Ich lebe gern in New York, zu Besuch würde ich nie kommen."

hamburger mit käse oder handkäs mit musik?
Bestimmt Handkäs mit Musik. Ich bin ja Frankfurter.

coffee to go oder gemütliches kaffeekränzchen?
Kaffee und Kuchen mag ich, einen Kaffeeklatsch am Nachmittag habe ich sehr gern.

bahn oder taxi?
Taxi und auch U-Bahn. Taxi ist bequem.

zur entspannung raus aufs land oder rein ins gewimmel?
Aufs Land. Ich wohne ja mitten in der Stadt.

wolkenkratzer oder fachwerkhäuser?
Fachwerkhäuser.

heimweh oder fernweh?
Wir reisen viel durch die Welt. Beim Reisen fühl ich mich zu Hause.

die cosbys oder die hesselbachs?
Die Cosbys sind okay. Die Hesselbachs kenne ich nicht, keine Ahnung.

museumsufer oder museum of modern art?
Museum of Modern Art. Aber ich möchte gerne diese anderen Museen besuchen.

anstoßen mit einem glas ebbelwei oder einem manhattan?
Mit einem Martini, aber leider habe ich dann furchtbare Magenprobleme.

frankfurt oder new york?
Frankfurt ist mein Geburtsort, Holzhausenstraße Nummer 5.

unter uns: Schöne Aussicht, gutes Essen inklusive. Vom Maintower aus lässt sich Frankfurt so schön aufs Dach schauen.

PIER 17

martin schoeller – ehrlich, jetzt!

Diesen einen Moment einzufangen, in dem sein Gegenüber die Maske fallen lässt, nicht mehr posiert, die Kontrolle verliert, darauf lauert Martin Schoeller. Der New Yorker Porträtfotograf schafft es – meistens.

Martin Schoeller ist ein netter Mensch, offen, unkompliziert, herzlich. Mit ihm könnte man glatt einen ganzen Vormittag verbummeln in irgendeinem netten Café in Tribeca, einen, zwei, drei Mimosa trinken, kleine, fettige Croissants in den Cappuccino tunken, vielleicht noch ein schönes Stück lauwarme Quiche verspeisen. Man plaudert sich fest, redet über Gott und die Welt. Bis um die Mittagszeit die Familien kommen, Väter mit Kleinkindern auf den Schultern und Mütter, die den Kinderwagen mit der linken Hand schieben und ihr schlafendes Baby auf dem rechten Arm balancieren. Weil man immer wieder mit dem Stuhl rücken muss, erst ein bisschen nach links, schließlich ein bisschen nach rechts, damit die kleine Karawane genügend Platz zum Durchkommen hat, wird es langsam ungemütlich in dem Café. Die Rechnung, bitte.

Tribeca, dieses Dreieck zwischen der Canal Street im Norden, dem Park Place im Süden und dem Broadway im Osten, ist neuerdings wahnsinnig beliebt bei jungen Eltern. Sie verdienen gutes Geld im nahe gelegenen Financial District und ziehen sich nach getaner Arbeit zurück nach Tribeca in die Lofts und Apartments, zu denen die klobigen und klotzigen Fabrik- und Lagergebäude umgebaut wurden. Hier im südlichen Manhattan, 20 Minuten Fahrt mit der rumpeligen, roten 1

entfernt von Midtown, ticken die Uhren doch noch ein wenig langsamer. Martin – natürlich sagen wir Martin, wir sind ja in Amerika – wirkt entspannt an diesem Morgen. Er ist eh keiner, der sich auf Biegen und Brechen anpasst, trägt seit Jahren kinnlange, dunkelblonde Dreadlocks, dazu Wohlfühlklamotten, Wollpulli, Jeans, Birkenstock-Sandalen. Dieser Samstag ist einer seiner wenigen freien Tage, als Fotograf – würde man an dieser Stelle sagen: Promi-Fotograf, wäre er sicher nicht mehr ganz so entspannt – reist er um die Welt. Heute in seinem Atelier an der Hudson Street, morgen in Los Angeles, übermorgen sonst wo. Martin Schoeller sitzt an seinem Schreibtisch, blättert in seinem schmalen Kalender. Genau, in den nächsten Tagen stehen Shootings an mit Ian Schrager, dem einstigen Betreiber des verruchten

"Studio 54" in New York und heutigen Designers edler Hotels, und mit Mode-Zar Marc Jacobs. Alles ziemlich eng; Zeit, um auch noch Kaliforniens Gouverneur Arnold Schwarzenegger zu fotografieren, blieb nicht. Diesen Auftrag musste Schoeller absagen. Was nicht geht, geht nicht. Bis zu zwei Wochen im Voraus plant Martin Schoeller seine Termine. Auf jede Person, die er fotografiert, stellt er sich ein, recherchiert, wer wann was wieso gemacht hat. Zugleich muss er spontan reagieren, flexibel sein – auch im Kopf. Mit Donald Rumsfeld diskutiert er den Krieg im Irak, mit Bill Clinton plaudert er über Jazz. Schoeller versucht, die Porträtierten zu reizen, aus der Reserve zu locken, um eine unverfälschte, beinahe intime Reaktion zu provozieren. Rumsfeld blickt ernst auf dem Foto, obwohl er doch unverbindlich in die Kamera lächeln wollte; Clinton schaut verwirrt, weil er nicht auf Anhieb die CD, die Schoeller laufen lässt, Miles Davis zuordnen konnte. "Ich habe einen genauen Augenblick im Kopf, den ich einfangen möchte", sagt Schoeller, "und meistens gelingt mir das auch."

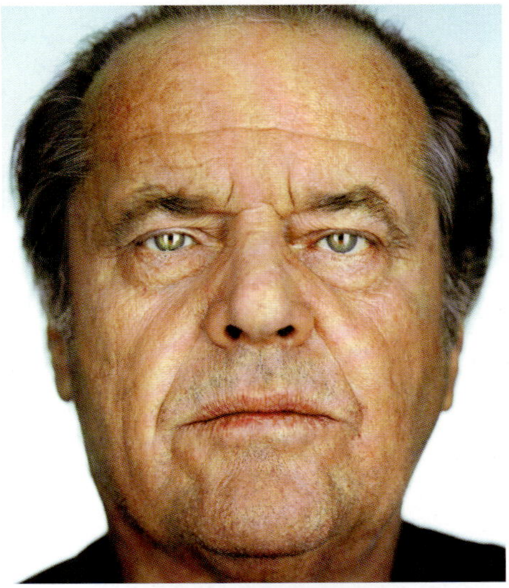

Starallüren? Fehlanzeige!
Martin Schoeller ist das so was von egal, wen er da nun gerade vor der Linse hat. Geschäft ist Geschäft, da müsse man sich nichts vormachen, "das ist eine Business Transaction, die wollen was von mir, ich was von denen". Im Leben käme er nicht auf die Idee, Adressen auszutauschen, Kontakte zu pflegen, sich in irgendeiner Weise anzubiedern. Okay, wenn ihn sein Sohn, der in Berlin lebt, besucht und er ihn mitnimmt zum Set von Brad Pitt, da kann er Eindruck schinden.
Martin Schoeller fotografiert keine Prominenten, sondern Menschen. Darauf legt er Wert. Ein, zwei Mal im Jahr zieht es ihn beispielsweise an die Lower Eastside, traditionell eine Immigranten- und Arbeitergegend, die zunehmend eingenommen wird von Studenten und Professoren. Da kennt er eine interessante Ecke, wo hippe New Yorker auf die treffen, die ganz unten sind, Abhängige, die sich in einer Klinik ihr Methadon abholen, oder Bettler. Momentaufnahmen.

Mit den Pirahã, einem brasilianischen Jäger- und Sammlervolk, lebte er vier Tage lang an einem Küstenabschnitt des Amazonas-Tiefland, begleitete sie auf Affenjagd, fischte mit ihnen im Maici-Fluss, spielte mit den Kindern. Der Auftrag kam vom "New Yorker", er sollte die Bilder liefern für eine Geschichte über den Wissenschaftler Dan Everett, der die Sprache der Pirahã beherrscht. "Das war ein Abenteuer, aber auch körperlich enorm anstrengend wegen der Hitze."

Ganze vier Tage, um Menschen zu beobachten, kennenzulernen, zu begreifen, warum sie so sind, wie sie sind – so viel Zeit bleibt ihm selten für einen Auftrag. Das andere Extrem: Nur 30 Minuten waren ihm zugestanden worden für Aufnahmen mit US-Außenministerin Condoleezza Rice. "Ich bereite immer drei Aufbauten vor." In diesem Falle: Rice am Klavier, Rice vor einer Büste, Rice im Close-up, in extremer Nahaufnahme. Nach 29 Minuten und 56 Sekunden begann er, seine Ausrüstung einzupacken.

Seine Close-ups haben Martin Schoeller berühmt gemacht. Aufnahmen, die die Wahrheit und nichts als die Wahrheit abbilden. Dafür wendet der 40-Jährige stets dieselbe Technik an, eine sehr deutsche Herangehensweise, sagt er, präzise, akkurat, auf den Millimeter genau. Und zwar misst Schoeller die Augenhöhe seines Gegenübers und bringt die Kameralinse auf exakt diese Höhe. 80 Zentimeter Abstand bis zur Kamera, 100 Zentimeter zwischen Kopf und Kopf. Der Betrachter wird so gezwungen, die Fotografie anzuschauen, sie wirklich ganz genau zu betrachten. Angelina Jolie hat mittig oberhalb der rechten Augenbraue einen Leberfleck und – sieh an, sie also auch – drei tiefe Furchen auf der Stirn. Der Haaransatz von Zinédine Zidane läuft wie ein Dreieck ungewöhnlich spitz zu, und das Kinn von Jim Carey ist tatsächlich gar nicht so lang, wie es im Fernsehen wirkt.

"Ich mache Porträtfotos, keine Modefotos, es geht mir um den Menschen, nicht um das, was er trägt", stellt Schoeller klar. Deshalb ist bei seinen Close-ups nur der Kopf der Person zu sehen, die Haare werden aus dem Gesicht gekämmt, es wird so wenig Schminke wie möglich aufgetragen. So nah sind sie irgendwie alle gleich, Schauspieler, Sportler, Politiker, Musiker, haben pickelige Haut, Fältchen um die Augen und borstige Brauen. Allein die Augen machen den Unterschied, Augen, die fordern: Sieh mich an! Technik, auch das. Zur Ausleuchtung benutzt er Neonröhren, die Tageslicht haben, eine Technik, die er sich vom Film abgeschaut hat. Die Augen stechen

hervor, der Eindruck entsteht, ein Gesicht so zu sehen, wie man es nie zuvor gesehen hat. Schonungslos ehrlich.
Mehr als 1000 Close-ups hat Schoeller in den vergangenen Jahren fotografiert, ausnahmslos gut findet er davon keine 100. "Manche Stars können das Posieren einfach nicht lassen. Uma Thurman ist so eine Kandidatin. Oder Eminem." Ob den Stars die Bilder gefallen, ist Martin Schoeller reichlich wurscht. "Ich muss mir gegenüber Rechenschaft ablegen, das ist echt schon schwierig genug." Ein Ansatz, zu dem ihn Richard Avedon inspiriert hat, der erste Fotograf des "New Yorker" und einer der bedeutendsten Fotografen des 20. Jahrhunderts. In seine übergroßen Fußstapfen ist Schoeller vor ein paar Jahren getreten.

Klingt nach Bilderbuchkarriere. Diesen Teil seines Lebenslaufs hat Schoeller schnell erzählt. Geboren 1968 in München, mit vier Jahren nach Frankfurt gezogen, weil sein Vater – er sagt es gleich dazu, was soll's, die meisten Leute wissen es eh, dass er der Literaturkritiker Wilfried F. Schoeller ist – eine Stelle beim Hessischen Rundfunk angetreten hat. Sein Abitur hat er 1987 an der Elisabethen-Schule im Frankfurter Nordend gemacht, und so recht wusste er danach nicht, was er mit sich anfangen könnte. Ein Freund bemühte sich beim Berliner Berufsausbildungszentrum Lette-Verein um einen Ausbildungsplatz als Fotodesigner. Gemeinsam zogen sie los, um Bilder für die Bewerbungsmappe zu machen, "das hat total viel Spaß gemacht, es war wie eine Erleuchtung und hat mich wirklich erfüllt. Zum ersten Mal in meinem Leben habe ich mich sehr angestrengt". Der Freund, übrigens, ist immer noch ein Freund, obwohl nicht er, sondern Schoeller an der Fachschule angenommen wurde.
1992 ist Schoeller zum ersten Mal nach New York gegangen, um "mit jemandem zu arbeiten, dessen Bilder ich wirklich sehr mag". Wenn schon, denn schon, Annie Leibovitz, Steven Meisel und Irving Penn waren seine Favoriten. "Ich habe versucht, mich bei ihnen vorzustellen, aber sie haben

nicht mal zurückgerufen. Nach sechs Wochen war ich pleite." Also zurück nach Deutschland, wo er sich mächtig reinhängte, um an ein Stipendium zu kommen, das ihn wieder nach New York bringt. Mit ein paar Tricks, das wird wohl noch erlaubt sein, gelang ihm das tatsächlich.

Drei Jahre lang, von 1993 bis 1996, assistierte er schließlich Annie Leibovitz, der für ihre außergewöhnlichen Bilder wie für ihr exzentrisches Gehabe bekannten Fotografin. Mal ehrlich, diesen Job wollte keiner, also hatte er ihn gleich. "Wir sind um die Welt gereist, ich hatte riesige Verantwortung, es war einfach superaufregend, weil es für Annie keine Grenzen gibt", erinnert er sich. Schließlich wollte er sein eigenes Ding machen, nicht ewig der Assistent sein, zuständig für Licht und Technik, so wichtig wie diese Aufgabe auch ist. "Ich dachte, ich habe alles gelernt, alles gesehen – ja, da habe ich mich geirrt." Assistent von Annie Leibovitz, das haftete ihm an wie Pech und Schwefel. "Wo ich hinkam, sagten die Leute: 'Mach mir das Licht wie bei Annie' oder : 'Bau mir die Szene auf wie bei Annie'."

Keine Jobs, eine winzige Wohnung mit seiner Freundin, die heute seine Frau ist, das angesparte Geld war ruck, zuck aufgebraucht. "Ein Jahr gab es bei uns nur Pizza und dazu Budweiser, Höchststrafe für einen Deutschen, aber das billigste Bier." Er fotografierte alle seine Freunde und x-beliebige

Menschen auf der Straße, drückte Obdachlosen am Times Square zehn Dollar in die Hand für eine Aufnahme, nahm jeden noch so kleinen Auftrag an. 1998 kam der Anruf vom "New Yorker". "Mein zweiter Job für die war Tony Hawk, der Skateboarder. Den habe ich zu Hause in der Küche fotografiert, wie er mit seinem Board vom Küchentisch springt." Ein halbes Jahr später hatte er den Vertrag mit der Zeitschrift unterschrieben.

Was er für ein Chef ist? Martin Schoeller überlegt ernsthaft. "Ein ganz guter, glaube ich." Er hat sechs Mitarbeiter. "Alle bleiben immer Ewigkeiten, das muss doch ein Zeichen sein, oder?" Zwei bis drei Tage pro Woche ist Schöller meist auf Reisen, die restliche Zeit verbringt er in dem großzügigen, hellen Büro, sein Zimmer liegt ganz hinten. Sein Schreibtisch ist aufgeräumt, ein paar Unterlagen, ein Laptop, ein Globus. Momentan umgibt er sich mit Frauen. "Schön" hinzuzufügen, ehrlich gesagt, das wäre übertrieben. Diese Frauen sind stark gebräunt, ihre Haare sind entweder sehr blond oder sehr schwarz gefärbt, Augen und Lippen grell geschminkt, und sie sind vor allem eins: enorm muskulös.
Female Bodybuilders, "ein Projekt, das ich nur für mich gemacht habe", sagt er, und das er als Weiterentwicklung seiner Close-ups sieht. Die Bilder sind monumental, 90 Inches hoch, das sind fast zweieinhalb Meter. "Nicht die Frauen fühlen sich unwohl in ihrer Haut, wir spüren ein Unbehagen, sie so anzuschauen", sagte Schoeller zur Eröffnung der Ausstellung im Frühjahr in der Ace Gallery Beverly Hills. Er hat recht. Es ist unangenehm, jede Pore zu sehen, auf der Nase, auf der Stirn, auf dem Kinn, auf dem Dekolleté; die Falten um die Augen; die schlecht verschmierte Selbstbräunungscreme am Haaransatz; rote Äderchen in den Augen. Während der Olympischen Spiele in China wurden diese Bilder in einer Ausstellung gezeigt.
Martin Schoeller besitzt eine Greencard, US-amerikanischer Staatsbürger möchte er nicht unbedingt werden. "Ich finde Deutschland völlig in Ordnung, ich kann mit meinem Pass überall in Europa leben." Seine berufliche

Zukunft sieht er in Deutschland allerdings nicht. "Da gäbe es gar keine Arbeit für mich, jeder schielt doch nach Amerika." Dazu die Schwerfälligkeit der Deutschen, die Langsamkeit, Bedenklichkeit. Davon hat er sich weit entfernt, daheim, das ist New York, definitiv. Aber von wegen, sein Deutsch sei so schlecht, das ist Koketterie, sein Deutsch ist hervorragend, sogar ein leicht hessischer Einschlag ist herauszuhören. Und ja: Ab und an wenigstens gehen ihm auch "Äppler und Grie Soß" ab. Die Verbindung zu Frankfurt ist da, er hält Kontakt zu Freunden, Schulkameraden, zur Familie. Immer wieder erzählt er in Interviews gern seine Frankfurter Geschichte, wie er erstmals im Portikus Fotos von Thomas Ruff gesehen hat, gigantische Porträts, meist komplett ausdruckslos, das hat ihn beeindruckt.

Denkt Schoeller an Urlaub, denkt er deutsch: drei Wochen im Sommer, drei Wochen über Weihnachten, eine Woche Snowboarden. Man müsse auch mal abschalten können, sagt Schoeller. Für die Urlaubsbilder ist seine Frau zuständig, schöne Erinnerungen an Nepal, Argentinien, Island. "Sie ist der Typ Mensch, der gern Beweisfotos macht von den Plätzen, an denen man gewesen ist. Ich mache dazu Grimassen, das geht ihr echt auf den Geist."
Wenn sich Schoellers zwischendurch mal den Kopf durchpusten lassen möchten, geht's raus nach Coney Island am südwestlichsten Zipfel von Long Island. Strand, Sand, Meer, wenn man tief Luft holt, riecht und schmeckt man das Salz des Atlantiks. Mit ein bisschen Fantasie lässt sich ausmalen, wie dereinst die reichen New Yorker auf Coney Island die Sommerfrische in schicken Hotels verlebten, später zwielichtige Gestalten von der Insel angezogen wurden, bis sich schließlich die Mittelschicht die "Kanincheninsel" eroberte. Immerhin lag ein halbes Jahrhundert lang auf Coney Island die längste und spektakulärste Amüsiermeile der Welt. Übrig geblieben ist von all dem Trubel und Jubel reichlich wenig, an den Häusern bröckelt der Putz, an den Fahrgeschäften ist der Lack ab, wer barfuß läuft auf den Bohlen des Boardwalk am Meer, muss achtsam sein, weil das Holz splittert. Im Winter

ist es grau und trist auf Coney Island, im Sommer zieht es immer noch Tausende ans Meer, die einen fettigen Hotdog bei Nathan's essen wollen.

Schoellers Frau stammt aus Kiew, mit neun Jahren ist sie mit ihren Eltern nach Amerika ausgewandert. "Wir fahren in erster Linie nach Coney Island, um schlechtes russisches Essen zu essen, das muss ich zugeben", sagt Schoeller. Vor allem in der östlich gelegenen Nachbargemeinde Brighton Beach ließen sich viele Emigranten aus der ehemaligen Sowjetunion in den 1970er und -80er Jahren nieder und schufen Little Odessa. In manchen Straßen hört und liest man ausschließlich Russisch, an der Strandpromenade servieren die Restaurants Pirogies und andere Spezialitäten.

Seine liebsten Menschen hat Martin Schoeller gern um sich, "wir haben Platz, alle können sich ausbreiten", sagt er. Dann geht es ungezwungen und unkompliziert zu in dem Apartment, das über dem Büro liegt, so wie nach seiner Hochzeit am zweiten Weihnachtsfeiertag 2000, ein paar Flaschen Champagner, Pizza, "das war wie Camping". Oder wie an Weihnachten, wenn er gern einen schönen, großen Fisch zubereitet. Am Tannenbaum hängen die Strohsterne, die er als Kind gebastelt und irgendwie von Frankfurt nach New York gerettet hat, daneben der Davidstern, denn seine Frau ist Jüdin. Er ist nun mal ein unkomplizierter Mensch, der Martin Schoeller, herzlich, offen, wirklich ein Netter.

hamburger mit käse oder handkäs mit musik?

Handkäs mit Musik, bitte. Gibt es in New York leider nicht, deshalb esse ich zu viele Hamburger.

coffee to go oder gemütliches kaffeekränzchen?

Coffee to go. Ich erinnere mich nur noch wage an mein letztes Kaffeekränzchen, hat, glaube ich, Spaß gemacht.

bahn oder taxi?

Beides, hängt davon ab, wo ich hinmuss. Meistens ist die U-Bahn schneller.

zur entspannung raus aufs land oder rein ins gewimmel?

Umso weniger Leute, umso besser. Urlaub in Island war sehr entspannend.

wolkenkratzer oder fachwerkhäuser?

Keine Fachwerkhäuser in New York, deshalb Wolkenkratzer. Kann man mit leben.

heimweh oder fernweh?

Manchmal Heimweh, oftmals Fernweh.

die cosbys oder die hesselbachs?

Kein Fernsehen, es langweilt mich zu sehr.

museumsufer oder museum of modern art?

Museumsufer, da kann man noch in aller Ruhe Kunst anschauen, ohne erdrückt zu werden.

anstoßen mit einem glas ebbelwei oder einem manhattan?

Martini, Manhattan ist zu süß und Apfelwein zu sauer.

frankfurt oder new york?

New York, wo soll man denn sonst wohnen?

unter uns: Gut und günstig, schnell, aber meist ziemlich schmerzvoll: Zur Entspannung nach einem stressigen Arbeitstag oder einem langen Flug gibt es nichts Besseres, als sich von einem Masseur in Chinatown richtig durchkneten zu lassen.

Und mindestens genauso entspannend und lustig dazu ist es, auf ein Bier in eine chinesische Karaoke-Bar zu gehen, zum Beispiel zwischen Bayard Street und Baxter Street.

CONEY ISLAND
ASTROLAND
HOME OF THE WORLD FAMOUS CYCLONE
GREGORY & PAUL'S
ICE CREAM
CANDY
ICES
CLAMS
SHISH KEBAB
ICE COLD BEER
CHARCOAL BROIL
SHISH Kabob
FRANKFURTERS
HAMBURGERS FRENCH FRIES
HOT CORN
Sea Food
DRINKS
PIZZA
SHRIMP Chicken
CLAMS on the HALF SHELL
FRIED CHICKEN
SHRIMP

elisabeth biondi – unverstellter blick

Sie steht für Klarheit und Ehrlichkeit, für feinen, subtilen Humor: Die Bildchefin prägt den Stil des Magazins "New Yorker".

Dieser 11. September 2001 war einer dieser Tage, die eigentlich nur gut werden können, weil schon früh morgens der Himmel blau ist und die Sonne scheint. Keiner dieser schwülheißen Sommertage mehr, in denen das Durchatmen in der Stadt so schwerfällt. Noch keiner der kühlen und regnerischen Herbsttage, an denen man sich zurückträumt in die warme Jahreszeit. Alles bestens also.

Elisabeth Biondi war an jenem Dienstagmorgen unterwegs mit der Subway in ihr Büro am Times Square, wo das Magazin "New Yorker" seit 1999 ansässig ist. Alles wie immer. Bis um 8.46 Uhr American-Airlines-Flug 11 zwischen dem 94. und dem 98. Stockwerk in den Nordturm des World Trade Centers einschlägt und sich 16 Minuten und 54 Sekunden später die United-Airlines-Maschine 175 in den Südturm bohrt. "Es ist etwas passiert, etwas wirklich Schlimmes", rief Chefredakteur David Remnick ihr zu, kaum hatte sie das Haus betreten. Am Südfenster des Bürogebäudes konnte Elisabeth Biondi Rauch sehen, der den stahlblauen Himmel erst grau, dann schwarz färbte. Nichts war wie immer. Nichts war mehr bestens.
Bis zur Erschöpfung haben sie beim "New Yorker" an jenem Tag gearbeitet. Als Visual Editor, als Fotoredakteurin, ist Elisabeth Biondi verantwortlich für die Bildauswahl des Blattes. Auf seine ganz eigene Weise reagierte das Magazin auf die Terroranschläge. Ohne die Cartoons, für die der "New Yorker" so geschätzt wird, kam die Ausgabe vom 24. September auf den Markt. Das Titelblatt gestaltete Art Spiegelman, es ist schwarz in schwarz gedruckt. Erst dann, wenn man das Heft in beide Hände nimmt, behutsam wiegt, hin und her, zeichnen sich die Zwillingstürme ab – und verschwinden wieder.

Irgendwann, sehr viel später am Tag, sei ihr eingefallen, dass sie ja mitten im Katastrophengebiet wohnt, erinnert sich Elisabeth Biondi. Als Zone 1 oder auch Frozen Zone bezeichneten die Behörden mittlerweile das Areal rund um den Financial District an der Südspitze Manhattans, Tribeca teilweise eingeschlossen. Am Morgen war sie aus dem Haus gegangen und hatte die Fenster offen gelassen, um die wunderbar frische Morgenluft hereinzulassen. "Ich rief meinen Nachbarn an, der mich beruhigte, der Wind hatte den Ruß und die Asche in eine andere Richtung getragen." Bis zur 14. Straße konnte sie am späten Abend mit der Bahn fahren, den restlichen Weg musste sie zu Fuß zurücklegen. "Es war so, wie ich mir den Krieg vorstelle." Alles sei dunkel gewesen, es habe gestunken nach Rauch und Qualm, immer wieder kreischten die Sirenen. An den Zäunen, die eilig herangeschafft worden waren, kontrollierten Soldaten der National Guard, wer in dem Viertel ein und aus ging.

Alle hatten Angst. Angst, ihr Zuhause zu verlieren, ihr Geschäft, ihre Schule, eben das, was ihr Leben bislang ausgemacht hat. "Wenn sich Leute mit mir treffen wollten, habe ich 'Ja' gesagt. Aber sie sollten hierher kommen, nach Tribeca, in mein Viertel." Einfach weg zu laufen, dorthin, wo es schöner, ruhiger, bequemer war, das wollte sie nicht. Sie wollte hier bleiben, an Ort und Stelle, ihrem Zuhause, so oder so.

"Ich bin sehr dankbar, dass ich dabei war, in der Stadt war, als es passiert ist", sagt Elisabeth Biondi. "So habe ich kein Problem damit, kann damit umgehen." In den kleinen Lokalen trafen sich die Menschen in jenen Tagen oft zum Abendessen, Hauptsache, zusammensitzen, reden oder schweigen, ganz gleich, nur nicht allein sein. Im "Danube", im "Nobu", im "Bouley" und im "Tribeca Grill" – in den Restaurants, wo sehen und gesehen werden so eine große Rolle spielt, normalerweise kochten die Küchenchefs Mahlzeiten für die unermüdlichen Helfer und Arbeiter.

Sie möchte ihre Geschichte der Reihe nach erzählen, sagt Elisabeth Biondi, und sie sagt es sehr bestimmt. Sie hat sich eine Tasse Tee aufgebrüht, die sie mit den Händen umfasst hält, so, als müsse sie sich aufwärmen. Sehr aufrecht sitzt Elisabeth Biondi in einem eher unbequemen Holzstuhl. Zwei von der Sorte stehen vor einem hohen Regal, in dem sich Bücher stapeln, Bildbände vor allem. Jazz läuft ziemlich laut, zwischendurch steht die zierliche Frau mit dem rötlichen Pagenschnitt auf, um die Musik leiser zu drehen, gleich darauf schaltet sie sie komplett aus. Elisabeth Biondi spricht sehr leise und schnell. Ihr Deutsch ist einwandfrei und doch ist deutlich herauszuhören, an der Betonung der Wörter zum Beispiel, dass es in ihrem Umfeld niemanden gibt, mit dem sie die Sprache pflegt.

Der Reihe nach also. Das heißt, wir denken uns gut 40 Jahre zurück. Da heiratete Waltraud – ihren Zweitnamen Elisabeth machte sie in New York zu ihrem Erstnamen, der leichteren Aussprache wegen – einen US-Soldaten. Eine Zeit lang lebten sie gemeinsam in Frankfurt, Erinnerungen hat sie an diese Zeit kaum, sie muss angestrengt nachdenken, um sich an Plätze zu erinnern, an Daten und wichtige Momente. Vieles ist wie weggewischt. Bei einem Glas Apfelwein hat sie ihn kennengelernt. Elisabeth Biondi schaut einen Moment aus dem Fenster. "Meine Güte, ewig ist das her."

Dass sie woanders als in Deutschland leben wollte, sei eh klar gewesen. Frankreich und Großbritannien hatte sie mit 19 Jahren als Au pair kennengelernt. Nun also stand fest: Amerika, New York, um präzise zu sein. "Ich bin mit dem Schiff gekommen, in Bremerhaven haben wir abgelegt." Auf den Tag kann sie festmachen, wann das war: Während der Überfahrt kam die Nachricht, dass Martin Luther King erschossen worden war, das war am 4. April 1968. Die Reise empfand sie als Qual. "Es war furchtbar, ich war nur seekrank." Mit New York kam Rettung in Sicht.

"Ich habe mir gewünscht, mit Fotografie zu arbeiten bei einer möglichst großen Zeitschrift", sagt Elisabeth Biondi. Tatsächlich landete sie nach ein paar Zwischenstationen bei der Zeitschrift "Vanity Fair", die von Tina Brown geleitet wurde, ebenso legendär wie launisch. "Ich habe viel gelernt", sagt Biondi. Und im selben Atemzug: "Das erste Jahr war ich in tiefster Depression." Wahrscheinlich, überlegt sie kurz, habe sie sich einfach sehr deutsch verhalten, überaus stur. Tina, sagt sie, sei charismatisch, schlau, äußerst kreativ, sehr sprunghaft in ihrer Meinung, sie habe immer nach der noch besseren Geschichte, den noch besseren Bildern gesucht, "das ist ja auch richtig". Ein bisschen klingt es so, als charakterisiere Elisabeth Biondi sich selbst.
Ja, sagt sie, sie arbeite heute noch in diesem Stil, man müsse immer alles versuchen, dürfe ein Nein erst mal nicht hinnehmen. "Hätte ich es nicht bei Tina gelernt, dann eben woanders."

Mit Deutschland hatte sie längst abgeschlossen. Und dann kam sie zurück, in die gar nicht so geliebte und auch nicht sonderlich schmerzhaft vermisste Heimat, 1991 war das, um Freunde zu besuchen. Die Mauer war gefallen, die Menschen waren euphorisch, das Leben schien sich in Europa abzuspie-

len, "das war plötzlich die Neue Welt, zumal sich New York in einer kleinen Krise befand", sagt sie. "Da habe ich wieder ein Gefühl gekriegt für Deutschland." Nicht falsch verstehen, bitte, da war kein Hass in ihr auf Deutschland, nicht mal Ablehnung, Neutralität, ja, vielleicht. "Ich habe einfach versucht, mich in meine neue Stadt und in die Kultur einzugliedern. Ich war idealistisch, und ich hatte mir vorgenommen, das ist meine Heimat." Ach, fügt sie hinzu und streicht sich zum wiederholten Mal die Haare aus dem Gesicht, sie sei eben so jung gewesen und so neugierig auf das Leben. Nur fürs Protokoll: Die Ehe zwischen ihr und dem Soldaten, sie hat nicht gehalten.

Jedenfalls, um weiter der Reihe nach zu erzählen, jedenfalls bekam sie ein Angebot vom "Stern" aus Hamburg, das sie annahm, für fünf Jahre blieb sie. "Aber drei Dinge wollte ich unbedingt in New York behalten, das war mir total wichtig: meine Wohnung, die ich in der Zeit untervermietet hatte, mein Bankkonto und meine Greencard." Hamburg sei für sie nicht die richtige Stadt, "grau von Oktober bis Mai". Ganz schnell habe sie ganz viel lernen müssen, nachdem sie sich in ihren New Yorker Jahren aus allem Deutschen ausgeklinkt hatte. "Ich hatte einen leichten Akzent, war für die anderen die 'Amerikanerin', gewisse Dinge kannte ich einfach nicht, ich wusste ja nicht mal, wie man Benzin tankt." Die Kollegen hätten sie wohl schon etwas merkwürdig gefunden. Dazu entdeckte sie eine Attitüde an ihnen, die ihr so ganz fremd war, dieses Negative, Jammernde, Lamentierende. "Hey, if you don't like it, leave it." Sie ist das amerikanische System gewöhnt, wenn es einem nicht gefalle, sucht man sich eben einen anderen Job, na und.

Sie fand ihre Rolle, fand den Anschluss, wurde zu der Deutschen, die ein Leben in Amerika hatte. Elisabeth Biondi besinnt sich, bevor sie versucht, das zu erklären: "Wie die zweite Seite eines Buches, ich habe dieses Leben und ich habe jenes Leben. Ich wusste, dass beide Seiten mein Leben sein werden, für immer." Ihre völlige Abnabelung von Deutschland habe sie auf einmal gar nicht mehr für gut gehalten. "Ich wurde wieder mit meiner Vergangenheit verkabelt." Kann man das sagen, fragt sie? Also ein glücklicher, vielleicht sogar glücklicherer Mensch sei sie geworden, hatte neue gute Freunde gewonnen, wieder mit ihrer Familie angeknüpft.

Kurz vor Thanksgiving kam ein Anruf vom "New Yorker". "Das passte mir recht gut, ich wollte eh gern zurück nach New York." Im Frühjahr 1996 begann sie bei dem Blatt – unter der Leitung von Tina Brown. "Okay, das hatte ich wohl nicht richtig durchdacht", sagt sie, und sie lacht, endlich mal, ein sympathisches Lachen, sehr herzlich, sehr einnehmend. Erst seit 1992 gibt es in der Intellektuellen-Illustrierten, die seit mehr als zwei Generationen das Leben des kultivierten Amerika begleitet, überhaupt Fotos. "Tina hat furchtlos alle Änderungen vorgenommen, sie hat das Heft in eine neue Zeit gebracht." Diesen Weg ist Elisabeth Biondi ein gutes Stück mit ihr gegangen. Sie etablierte ein Photo-Department im Haus, brachte unter anderen Martin Schöller an Bord, Deutscher wie sie, Europäer wie sie. "Ich denke, der europäische Touch besteht in der sensiblen Herangehensweise, die Bilder sind nuanciert, nicht glatt und oberflächlich." Sie mag es, eng mit ihren Fotografen zusammenzuarbeiten, ihre Sicht zu hören, mit ihnen die Bilder auszuwählen, die zur Geschichte am besten hinführen oder, noch besser, die Bilder, die in ihrer eigenen Sprache die Geschichte erzählen.

Deutschland sei gar nicht weit weg, sagt sie, "es ist wie eine Nachbarstadt für mich geworden". Der Wald, klassische Musik, Gedichte, Bücher – all das verbinde sie mit Deutschland, sagt sie, mit Heimat. Nur dann, wenn Freunde und Bekannte sie an Weihnachten fragen, ob sie nach Hause fahre, empfinde sie das schon als sehr seltsam. Daheim ist sie hier, in Tribeca, diesem Viertel, das sich seinen spröden Industrie-Charme bewahrt hat, auch wenn zuletzt Ärzte, Anwälte und Banker in die vielen umgebauten Wohnungen gezogen sind, im Hausflur die Kinderwagen und auf der Straße die Hybrid-Autos stehen. Sie besitzt einen amerikanischen Pass, den habe sie unbedingt haben wollen, um kommen und gehen zu können, wie es ihr gefällt, nicht, wie es ihr eine Regierung vorschreibt. "Ich wollte frei sein."

Ja, sagt Elisabeth Biondi, natürlich sei sie ordentlich, zielstrebig, flexibel, Eigenschaften, die man wohl gern Deutschen nachsage. In ihrer Wohnung ist es picobello, sie ist zurückhaltend eingerichtet, klar und hell. Auf einem schlichten weißen Holzregal hat sie Bilder arrangiert, meist Geschenke von befreundeten Fotografen. Sie selbst fotografiere wenig, wenn, dann ein paar

Schnappschüsse im Urlaub. "Ich kann Bilder sehr genau im Kopf behalten, und ich kann gut beschreiben." Die Küche geht ins Wohnzimmer über, vor der Fensterfront zur Straße hin steht ein schwerer Holztisch, Platz für viele Gäste, die gerne kommen, weil Elisabeth Biondi eine ausgezeichnete Köchin ist. "Man sagt so." Kartoffelsalat nach dem Rezept ihrer Mutter gehört zu ihrem Repertoire, genauso wie Krautsalat. Und zu Thanksgiving, dem Nationalfeiertag im November, den sie schätzt, weil er sich nicht auf Religion stützt, reicht sie hausgemachtes Rotkraut zum Truthahn.

Elisabeth Biondi wird 64; bis 66 Jahre wird in der Regel in Amerika gearbeitet. Dieses ganze "Ruhestand-Gerede" findet sie schlimm, "ich habe keine Ahnung, was ich dann machen werde". Zurück nach Deutschland könne sie jederzeit, zur Familie, die in einem kleinen Dorf im Odenwald lebt. Wenn sie das will.

Sie stellt ihre Tasse auf den Beistelltisch. "Haben wir's dann?", will sie wissen. Sie hat erzählt, was es zu erzählen gibt. Zeit, zu gehen.

hamburger mit käse oder handkäs mit musik?

Handkäs mit Musik Jetzt besser und besser trotz der bekannten Nachteile.

coffee to go oder gemütliches kaffeekränzchen?

Kaffeekränzchen? Oh Gott, bitte nein.

bahn oder taxi?

Sowohl als auch.

zur entspannung raus aufs land oder rein ins gewimmel?

Raus aufs Land, Gewimmel habe ich die ganze Woche. Aber eine Ausstellung kann genauso entspannend sein.

wolkenkratzer oder fachwerkhäuser?

Warum wählen? Und ein wunderbares Haus, gebaut von einem ausgezeichneten Architekten, wäre doch auch nicht schlecht.

heimweh oder fernweh?

Nein, kein Heimweh, aber es ist schön, Deutschland regelmäßig zu besuchen, und ja, die Ferne, die zieht noch immer an.

die cosbys oder die hesselbachs?

Weder noch.

museumsufer oder museum of modern art?

Wo immer die beste Ausstellung ist. Kunst, wo immer sie gezeigt wird.

anstoßen mit einem glas ebbelwei oder einem manhattan?

Ich habe meinen Mann beim Ebbelwei kennengelernt und liebe Martini.

frankfurt oder new york?

Ich lebe in New York und das ist gut so.

unter uns: In tollen Restaurants muss man oft im Voraus reservieren oder länger auf einen Tisch warten. Eine gute Idee ist es, an die Bar zu gehen – da ist schneller ein Platz frei, das Essen ist genauso lecker, manchmal gibt es auch eine kleine, nette Bar-Karte.

MAKING A SPLASH
FRIDAY AUG. 17 AT 8PM
Original movie
ARGENT
It's when every financial decision counts
Prudential
HSBC
SAMSUNG
Corona Light
STARDUST
MARQUIS
Chaperone
2P97

Mercedes-Benz
Mercedes-Benz

mario lohninger – mit charme und methode

Den Schmäh bekam er in die Wiege gelegt, die Gelassenheit eignete er sich in den USA an. In Frankfurt lässt der Sternekoch nichts anbrennen.

In seiner Küche scheint Mario Lohninger ein anderer Mensch zu sein. Dort, sagt er, sind knappe Anweisungen gefragt. Klare Kommandos. Herrscht ein beinahe militärischer Ton. Schließlich muss es schnell gehen. Aber in der Küche steht er meist erst ab 18 Uhr. Davor hat er Zeit zum Plaudern, kommt er vom Hölzchen aufs Stöckchen, es sprudelt aus ihm heraus, er holt nicht mal Luft, verdammt schwer, diesen Mann zu stoppen, der so viel zu erzählen hat.

Selbstverständlich sei er nicht total irre, weil er New York den Rücken gekehrt habe und nach Frankfurt gekommen sei. Eher schon mutig müsse man sein, um diesen Sprung zu wagen, meint er. Zumal Frankfurt nicht gerade seine erste Wahl gewesen sei, allein aus dem Grund, dass die Stadt keine seiner beiden Vorlieben erfüllt: Kein Meer weit und breit, keine Berge. Aber wenn sich Plan A (Meer) und Plan B (Berge) nicht umsetzen lassen,

dann eben Plan C: "Da, wo ich bin, mache ich es mir schön." Das tut er seit vier Jahren nun im Frankfurter Osten. Da, wo die Stadt diese typische Industrie-Fassade trägt, wo handfestes Geld verdient wird mit der Produktion von Fleisch und Brot, dem An- und Verkauf und der Verschrottung von Autos, wo Bier gebraut wird und von wo aus Waren aus Frankfurt in die Welt gekarrt und verschifft werden. Ziemlich bodenständig, all das, bis Ardi Goldman, der selbsternannte Frankfurter Lebensraumgestalter, sprich: Investor, ein UFO an die Carl-Benz-Straße setzte. Ein Geschenk des Himmels, denn so unbekannt ist der Frankfurter Osten seitdem nicht mehr. Spätestens nicht mehr, seit 2004 Sven Väth mit seinem "Cocoon Club" im Erdgeschoss des UFO eingezogen ist.

Das sind zwei, die passen zusammen: Sven Väth, der Star am Plattenteller, und Mario Lohninger, der Sternekoch. Ein bisschen durchgeknallt, begeisterungsfähig, engagiert, risikobereit, neugierig, ehrgeizig. In New York sind sie sich begegnet, vor oder nach seinen Auftritten in den – mittlerweile geschlossenen Clubs – "Twilo" und "Arc" kehrte Sven Väth im "Danube" in Tribeca ein, europäisch, edel, extravagant. "Er war mein Lieblingsgast, ich sein Lieblingskoch", sagt Lohninger. Sie wurden Freunde, der Koch und der DJ, und als der Musiker ihm vorschlug, die beiden Restaurants in seinem "Cocoon Club" in Frankfurt zu übernehmen, sagte Mario Lohninger Ja.

Auf sein Herz zu achten, zu spüren, ob dieser oder jener Schritt im Leben Sinn ergebe - das habe er in den USA gelernt, sagt Mario Lohninger. Mit 500 Dollar in der Hosentasche und ein paar Klamotten in seinem Rucksack ist Mario Lohninger 1995 zum ersten Mal nach New York gekommen. In jedem Reiseführer steht es, jeder, der schon mal in der Stadt war, erzählt es, und ja, er habe es auch gewusst: Gib acht! Aber in dem Moment, als er allein auf dem Flughafen stand, fühlte er sich so einsam, so unsicher und verloren. "Prompt bin ich nicht in ein lizenziertes Yellow Cab gestiegen, sondern in eine schwarze Limousine und bin natürlich übers Ohr gehauen worden." Der Fahrer hat ihn ordentlich abkassiert für die Tour, "aber eigentlich war es mir das wert, er war freundlich, hat sich mit mir unterhalten, es war ein guter Einstieg". Ein Kollege aus dem Münchener "Tantris", wo Lohninger zuvor am Herd gestanden hatte, hatte ihm den Kontakt zum "San Domenico" in New York vermittelt; abgemacht war, dass er für zwölf Monate dort arbeiten würde, daraus wurden 18 Monate inklusive eines Aufenthalts in Los Angeles. "Wir hatten eine Sechstagewoche, haben 14, 15 Stunden am Tag irrsinnig hart gearbeitet", erinnert sich Mario Lohninger. "Also haben wir die Stadt hauptsächlich bei Nacht kennen gelernt." Passt schon, wer möchte schon seine Zeit verschlafen in der Stadt, die niemals schläft. "Ich hab's mir rundgehalten", sagt Mario Lohninger. Soll heißen: Er hat alles gemacht, Touren zum Strand in Coney Island und auf Long Island, Museumsbesichtigungen, Streifzüge durch die Viertel. Er sagt's auf Österreichisch, denn er kommt aus Österreich, aus Saalfelden.

Erziehung, Kultur, Austausch, Lifestyle - "alles, was den Mario besser macht", "wie sich der Mario verwirklichen kann", das treibt ihn um, treibt ihn an. Seine Biografie füllt Seiten, dabei ist der Mann - Dreitagebart, die dunklen Haare vorne kurz, hinten lang - gerade mal 35 Jahre alt. Er arbeitete mit Rudi und Karl Obauer in Werfen bei Salzburg, im Münchener "Tantris" bei Hans Haas, in Los Angeles für Wolfgang Puck, bei Guy Savoy

Dsquared

in Paris, sammelte Erfahrungen in Japan und Thailand - dort auf Einladung der thailändischen Prinzessin, die zu seinen Stammgästen im "Danube" zählte. Reife Leistungen. Zum Koch des Jahres - nur eine Auszeichnung von vielen - ernannte ihn das "New York Magazine" 2002. Drei Jahre zuvor, 1999, war er zurückgekehrt in die Stadt am Hudson, David Bouley hatte ihn bedrängt, er suchte für sein neues Restaurant "Danube" einen Küchenchef. "Er sagte, dass er einen außergewöhnlichen Mann für ein gewagtes Projekt sucht", erinnert sich Mario Lohninger, "das hat auf Anhieb meinem Ego gefallen." Pionierarbeit zu leisten - wie in Frankfurt auch - das sei schon eine besondere Herausforderung. Lohninger spürte, dass er bereit dafür war.

"Normalerweise muss man sich schon brav und diszipliniert an die Hauspolitik und die Hausrezepte halten." Zum Lernen sei das auch unheimlich wichtig. "Das ist wie bei einem Skifahrer, da fährt man ja auch erst mal einen guten Schwung nach." Und der Sternekoch weiß, wovon er spricht: Skifahrer wäre er gern geworden, war sogar in einer Skisportschule. Doch ein Unfall ließ den Traum von der Sportkarriere platzen.

Die Terroranschläge vom 11. September 2001 mitzuerleben war der Horror für Mario Lohninger. Sein Restaurant, das "Danube", liegt keine 400 Meter entfernt vom World-Trade-Center-Areal, das binnen Minuten zu Ground Zero wurde, die Nachbarschaft zur Frozen Zone, zum abgesperrten Gebiet. Nichts ging mehr, kein Strom, kein Wasser, kein Telefon. "Wir haben Arbeit gesucht und gefunden", sagt er. Bis zu 30.000 Mahlzeiten täglich hat er zwölf Wochen lang zusammen mit 200 freiwilligen Helfern für die Rettungskräfte gekocht. "Alle haben geholfen, aber niemand war direkt an der Unglücksstelle." In einer Nebenstraße am früheren World Trade Center stand ein Laden leer, aus dem sie den Schutt und die Asche mit Wasserschläuchen rausgespritzt haben. Im "Danube" hat das Team um Lohninger gekocht: Schweinebraten, Fisch, Ratatouille – was immer die vielen Lebensmittelspenden hergaben, die aus dem ganzen Land eintrafen. Das Essen wurde dann in den

provisorischen Laden am Ground Zero geschafft, wo auch viele Prominente die Portionen auf die Teller schöpften. "Das war eine Situation, wie sie nur aus einer solchen Katastrophe entstehen kann."

Die New Yorker, sagt Lohninger, habe er als sehr dankbare Menschen erlebt, sie schätzten seine Arbeit und scheuten sich auch nicht davor, ihm das zu sagen. Die Frankfurter nähmen alles viel selbstverständlicher hin, neigten eher dazu, zu kritisieren. Ein Beispiel: Ein befreundeter Koch besuchte ihn im "Danube", gemeinsam gehen sie durchs Restaurant, da wird er, Lohninger, von einer Dame angesprochen, die Suppe sei exzellent, einfach perfekt. Der Freund nimmt das Lob mit Erstaunen zur Kenntnis, selbst wenn die Suppe schmecke, irgendwas zu bekritteln gebe es immer, und wenn die Suppe auch nur heißer sein dürfte.

Ähnlich verhält es sich mit einem seiner Lieblingsgerichte, dem Burger. "Nur wenige Menschen verstehen, dass ein echter Burger gut gemacht sein muss, Top-Zutaten, die auch ihr Geld kosten." 100-prozentiges Rindfleisch müsse es sein, nicht zu dünn der Klops und saftig, das Brötchen luftig. Als Micro-Burger mit Cheddarcheese und Pommes steht das Gericht auf der Karte, neben Sushi und Tartar vom Weideochsen. Nichts ist unmöglich. "Ich bin völlig frei in meinem Denken", sagt er. Am Anfang ist die Idee. Die er dann zusammen mit seinem 15-köpfigen Team umsetzt. "So vielseitig, so schnell und individuell ist kein anderer Beruf." Am selben Tag noch bekommt er von den Gästen ein Feedback zu dem, was er gemacht hat – und wenn es nichts war, kann er das Gericht in 24 Stunden komplett ändern. "Das ist doch fantastisch."
Das "Chef Tasting Menü" im "Micro" im Frankfurter UFO wechselt ständig, in sieben Gängen serviert Mario Lohninger, was ihm in den Sinn kommt; auch im "Silk" wechselt das Menü ständig. Abwechslung, die er braucht. "Ich muss immer etwas Neues haben." Und so lange es so spannend bleibt, so lange bleibt er sicher auch in Frankfurt. "Frankfurt liegt zentral und denkt international, das ist mir wichtig."

Mario Lohninger hat die doppelte Staatsbürgerschaft, ist Amerikaner geworden und Österreicher geblieben, weil ihm seine Heimat lieb und teuer ist. Die Menschen um sich zu haben, die seine Kultur teilen, werde immer wichtiger für ihn. Deshalb hat er auch seine Mutter und seinen Vater an den Main geholt, von ihrem Wissen, ihrer Erfahrung - ihr Familienrestaurant haben sie aufgegeben – will er profitieren. Er genießt die Ruhe, den Wald vor seiner Haustür in Alt-Sachsenhausen, die Inspiration in der Kleinmarkthalle, "ein magischer Ort für mich". Dazu die Weinberge im Rheingau und den Taunus in der Nähe, "das ist ideal, wenn man ein Restaurant führt". Herz, was mehr könntest du verlangen?

hamburger mit käse oder handkäs mit musik?

Hamburger mit Käse ist nach dem Wienerschnitzel eines meiner Lieblingsgerichte.

coffee to go oder gemütliches kaffeekränzchen?

Gemütliches Kaffeekränzchen mit meiner Liebsten.

bahn oder taxi?

Taxi, da ich gezielt mobil leben möchte.

zur entspannung raus aufs land oder rein ins gewimmel?

Raus aufs Land, zurück zur Natur.

wolkenkratzer oder fachwerkhäuser?

Wolkenkratzer, da ich hoch hinaus möchte und meine Berge symbolisiert sehe.

heimweh oder fernweh?

Ich kenne beides.

die cosbys oder die hesselbachs?

Die Cosbys.

museumsufer oder museum of modern art?

Das Museum of Modern Art ist mein Lieblingsmuseum, es ist eines der schönsten, und ein sehr guter Freund von mir betreibt dort die Gastronomie, sehr empfehlenswert!

anstoßen mit einem glas ebbelwei oder einem manhattan?

Mit Champagner.

frankfurt oder new york?

... lach ...

unter uns: Erdbeeren aus dem Taunus, Jacobsmuscheln aus La Rochelle: Die Frankfurter Kleinmarkthalle ist ein magischer Platz, da drehe ich gern meine Runde.

DON GIOVANNI
RISTORANTE
BRICK OVEN
PIZZA
EAT
EMPIRE
DINER

Obst & Gemüse
Alta Norcineria

jennifer foley – business as usual

Der Liebe wegen ist die Anwältin nach Frankfurt gezogen. Ganz langsam gewinnt sie auch deutsche Gewohnheiten lieb, geschlossene Läden am Sonntag zum Beispiel.

Manchmal ist es zum Verrücktwerden. Die Fußgängerampel ist rot, doch weit und breit ist kein Auto in Sicht. Trotzdem bleibt Jennifer Foley stehen und wartet geduldig auf das grüne Männchen. In Frankfurt. Täte sie das in New York, also stehen bleiben und warten, Gott behüte. Jede freie Lücke, und sei sie noch so klein, wird genutzt, um auf die andere Straßenseite zu hasten, angetrieben vom Hupen der herannahenden Fahrzeuge, völlig gleichgültig, ob die Ampel "Walk" oder "Don't walk" anzeigt. Würde jemand stolpern, hinfallen - ehrlich gesagt, er wäre nur im Weg.

Abgesehen von solchen Kleinigkeiten, für sie zwar nervig,

lebt Jennifer Foley gern in Frankfurt, und zwar seit 2002 im Nordend. Zu Fuß ist sie in nicht mal 20 Minuten - sicher sogar schneller, wären da nicht diese vielen verflixten roten Ampeln - in ihrem Büro im Japan-Center am Taunustor. Mit seinen gerade mal 115 Metern zählt das Japan-Center nicht zu den höchsten der Hochhäuser zwischen Hauptwache, Alter Oper und Bahnhofsviertel. Der Commerzbank-Tower ist einsame Spitze, 259 Meter, mit Antenne sage und schreibe 300 Meter hoch. Damit war der Tower sechs Jahre lang, von 1997 bis 2003 nämlich, nicht nur in Frankfurt, sondern gar in Europa das höchste Gebäude. Doch in der Nachbarschaft der glänzenden Giganten ist das Japan-Center sicherlich das ungewöhnlichste, vielleicht sogar schönste Hochhaus der Frankfurter Skyline: Die Fassade ist aus rotem Granit, die klare Rasterstruktur der Tatami-Matte nachempfunden, das Dach weit ausladend. Ein schöner Platz zum Arbeiten.

Jennifer Foley ist Anwältin, sie arbeitet bei Allen & Overy, einer Anwaltsgesellschaft, die, außer in Frankfurt und New York, noch in 26 anderen Städten der Welt vertreten ist. Natürlich kennt sie auch die Scherze, die über Großkanzleien kursieren. Dass da nur Fledermäuse arbeiten, zum Beispiel, denn die Anwälte sehen kaum Tageslicht; dass die Mitarbeiter zwar viel Geld verdienen, ihnen aber überhaupt keine Zeit bleibt, es auch auszugeben; dass sie ohne Blackberry nicht überlebensfähig sind. Und sicher, es war hart für sie, gerade in der Anfangszeit, neu im Land, neu in der Stadt, neu im

Unternehmen. "Arbeitstage bis spät in den Abend, manchmal bis spät in die Nacht sind nicht selten vorgekommen." Irgendwann hat sie die Reißleine gezogen, ihre Stundenzahl reduziert, um wenigstens ein bisschen mehr Zeit fürs Privatleben zu haben, zumal ihr Mann ebenfalls in einer internationalen Rechtsanwaltssozietät in Frankfurt tätig ist.

"Ich wusste, ich würde gut sein als Anwältin", sagt sie. Nach Abschluss ihres Jurastudiums legte sie 1997 in New York ihr Bar Exam ab, woraufhin sie als Anwältin zugelassen wurde. Gut hätte sie sich vorstellen können, beispielsweise bei der Menschenrechtsorganisation Amnesty International zu arbeiten, "aber da waren diese Tausende Dollars, die ich während meines Studiums als Kredit bekommen hatte, die musste ich zurückzahlen". Solche Studienkredite sind in den USA - selbst wenn die Eltern, wie bei Jennifer Foley auch, für einen Teil der Finanzierung aufkommen - gang und gäbe. Also musste eine Stelle her, mit der sich genug Geld verdienen ließ, um die Schulden loszuwerden. "Ich habe mir nichts gegönnt, keine tollen Klamotten, keine schicke Einrichtung, jeder Bonus ging drauf, um den Kredit abzubezahlen", sagt Jennifer Foley.

Die Juristerei wurde der schlanken, dunkelhaarigen Frau von Mitte 30 in die Wiege gelegt, ist quasi Familienberuf, ihr Vater ist heute noch an der Wall Street als Anwalt tätig. Tagein, tagaus pendelt er von Bethpage auf Long Island, wo Jennifer gemeinsam mit einer Schwester und einem Bruder aufgewachsen ist, in den Financial District. Eine gute Stunde dauert die Fahrt in den silbernen, scheppernden Zügen der LIRR, die Long Island mit Manhattan verbinden, das Angenehme mit dem Nützlichen, das Geldverleben mit dem Geldverdienen. Denn das Leben auf Long Island ist ein langer Sandstrand. "The Island", die Insel, nennen die New Yorker Nassau County im mittleren Teil Long Islands, wo auch Bethpage liegt, und das östlich gelegene Suffolk County. Die beiden westlichen Bezirke, Kings and Queens County, zählen zu den New Yorker Stadtteilen Brooklyn und Queens.

"Heute schätze ich das Leben auf Long Island mehr noch als früher", sagt Jennifer Foley. Etliche Sommer hat sie in den Hamptons verbracht, dort, wo die schicken Ferienhäuser stehen. Die Hamptons sind ein beliebtes Ausflugsziel der New Yorker. Wenn es heiß wird in New York, schwül und stickig, reiht sich spätestens Freitagnachmittag Auto an Auto, ab auf die Insel mit Kind und Kegel. Dort allerdings, wo sich die Stars und wohlhabenden Städter entlang dieser Gabelspitze, den Forks, niedergelassen haben, herrscht geschlossene Gesellschaft. Wer etwas auf sich hält, verbringt die Sommersaison zwischen dem Memorial Day im Mai und dem Labour Day im September in seiner Villa am Strand.

Auch den ersten Teil ihrer amerikanisch-österreichischen Hochzeit haben Jennifer Foley und ihr Mann vor drei Jahren in den Hamptons gefeiert. In einer kleinen Kirche in Sag Habor hielt der Pfarrer am frühen Morgen bei 35 Grad die Zeremonie. "Wir hatten großes Glück, dass er ein bisschen Deutsch verstand, denn es war nicht einfach für uns, die vielen Dokumente beizubringen." Wann hat es das schon gegeben? Eine New Yorkerin und ein Wiener, die in Frankfurt leben, wollen auf Long Island den Bund fürs Leben schließen. Nach einem Zwischenstopp in Frankfurt ging es weiter in die Wachau nach Dürnstein, wo die Braut im Dirndl nochmals vor den Altar trat. Kennengelernt haben sich Jennifer Foley und ihr Mann in New York in einer Kanzlei. Er war in die Stadt gekommen, um seinen Master of Law, zu machen - und hatte, dank Jennifer, schließlich einen Grund mehr um seinen Aufenthalt zu verlängern. Die Kennenlernphase, in den USA Dating genannt, ist eine Wissenschaft für sich. Regel Nummer eins: "Casual" oder "exclusive". Heißt übersetzt: Gehen nur wir beide miteinander aus (exclu-

sive) oder schauen wir uns um, was der Markt sonst noch so hergibt (casual). "Uns war klar, dass wir uns nur mit dem jeweils anderen treffen, wir haben da aber nie drüber gesprochen - bis uns Freunde nach fünf oder sechs Monaten fragten, was denn eigentlich nun genau Sache sei", erinnert sich Jennifer Foley.

Weil die berufliche Zukunft ihres Mannes in Frankfurt lag, haben sie beschlossen, gemeinsam den Umzug nach Europa zu wagen. In ihren ersten Wochen in Frankfurt konzentrierte sich Jennifer Foley darauf, die deutsche Sprache zu lernen. "Im ersten Moment war ich total überfordert, vor allem mit der Grammatik. Aber dann hat mir geholfen, dass sie zwar schwierig, aber durchaus logisch ist, und ich stur büffeln und die Regeln lernen muss." Also hat sie das getan, und nachdem sie sich einigermaßen sicher fühlte, schickte sie Bewerbungsunterlagen los.
Wenn es irgendwie geht - und nur im vergangenen halben Jahr war es schwierig, weil Jennifer Foley im Frühsommer ihre Tochter zur Welt brachte -, reist sie alle paar Monate nach New York. Mal nur für ein paar Tage, dann wieder für eine Woche oder zwei. "Ich vermisse weniger die Stadt, dafür umso mehr meine Freunde." Außerdem sei Shopping in New York viel reizvoller als in Frankfurt. Es muss ja nicht immer Tiffany's sein. Wenn es auch wunderbar wäre, den Morgen damit zu beginnen, wie Holly Golightly an den kleinen Schaufenstern vorbeizuflanieren und, den Kaffee aus einem Pappbecher schlürfend, die schmucke Auslage zu bewundern; alles Gold, was glänzt, alles hochkarätig, was funkelt. Für ihre zehn Dollar allerdings bekämen Miss Golightly und ihr Paul auch heute nicht mehr als eine Gravur bei Tiffany's. Dabei sind die kleinen türkisfarbenen Schachteln mit der weißen Schleife ein so begehrtes Souvenir, dass es in dem Haus an der Fifth Avenue zugeht wie im Feierabendverkehr auf dem Broadway: kaum ein Durchkommen. Aber da sind ja noch all die anderen Kaufhäuser, Saks und Macy's und Bloomingdales. "Das macht einfach Spaß, durch die Abteilungen

zu gehen, dies und das zu bewundern", sagt Jennifer Foley. In Kaufhof, Karstadt & Co. auf der Frankfurter Zeil geht es nach ihrem Geschmack viel zu nüchtern zu.
Dass sie allerdings mal eine Befürworterin der geschlossenen Geschäfte an Sonntagen wird, damit hätte sie nie gerechnet. "So ist man gezwungen, sich etwas Besonderes für diesen Tag auszudenken, ob man nun in den Park geht, ins Museum oder einen Ausflug macht, das ist viel kreativer, das gefällt mir." Überhaupt könne sie dem Alltagsleben in Frankfurt viel abgewinnen. "Es macht Spaß, in Frankfurt zu leben, es ist entspannter als in New York, aber trotzdem international wegen der vielen internationalen Banken, Kanzleien und Firmen." Allein wenn sie daran denke, wie viel Miete sie für eine Wohnung, vergleichbar mit der Größe einer Schuhschachtel, in New York bezahlen müsste. Oder wie angenehm es sei, sich morgens nicht in die übervolle Subway quetschen zu müssen, sondern entspannt zu Fuß zum Büro gehen zu können.

Womit wir wieder bei diesen gewissen Momenten wären: diese leidige Du-und-Sie-Sache. Neulich, im Erste-Hilfe-Kursus, den sie besuchen musste, um für die deutsche Führerscheinprüfung zugelassen zu werden. Sicher, sie war die Älteste in der Gruppe. Aber es war völlig okay, dass die Leiterin, geschätzt kaum älter als 20, die Teilnehmer einfach ungefragt duzte - bis sie Jennifer Foley entdeckte und zum Sie überging. Also so was. Zum Verrücktwerden, ehrlich.

hamburger mit käse oder handkäs mit musik?

Bevor ich nach Deutschland gezogen bin, war ich zwölf Jahre lang Vegetarierin. Aber nachdem ich drei Monate hier lebte, kam ich an einem Wurststand an der Hauptwache vorbei und kaufte mir eine Bratwurst - und habe mich seitdem nie mehr um vegetarische Küche geschert. Von Zeit zu Zeit esse ich auch gern mal einen Hamburger. Handkäs mit Musik mag ich nicht besonders gern, weil es stinkt.

coffee to go oder gemütliches kaffeekränzchen?

Ich nehme gerne einen Coffee to go, schlendere an den Schaufenstern entlang und unterhalte mich. Aber an gemütlichen Sonntagen nach einem ausgiebigen Brunch eine Tasse Kaffee am Nachmittag zu Hause finde ich toll.

bahn oder taxi?

Laufen oder Fahrrad fahren. Diese Stadt ist zu klein, um sich lange mit der Bahn aufzuhalten. Wenn ich faul bin oder zum Flughafen muss, dann nehme ich ein Taxi. In New York bin ich immer Bus oder Subway gefahren.

zur entspannung raus aufs land oder rein ins gewimmel?

In New York haben wir die Sommerwochenenden auf Long Island verbracht, um dem Stadtleben, den Menschenmassen und dem Lärm zu entfliehen. Weil es hier weniger überfüllt ist und ich eine größere Wohnung habe, habe ich nicht so sehr das Gefühl, der Stadt entfliehen zu müssen. Ich mag nach wie vor Urlaube am Strand; aber da Frankfurt weniger anstrengend als New York ist, brauche ich nicht mehr so viel Erholung im Urlaub. Aber nach besonders ruhigen Plätzen suche ich trotzdem.

wolkenkratzer oder fachwerkhäuser?

Fachwerkhäuser sehen bezaubernd aus, aber ich mag diesen Stil nicht besonders. Ich lebe hier in einem sehr viel kleineren Haus als in New York, mir gefällt das, weil es persönlicher ist. Es wäre jedoch ziemlich angenehm, einen Concierge zu haben.

heimweh oder fernweh?

Heimweh. Normalerweise fliege ich alle drei Monate nach New York, und sei es nur für ein verlängertes Wochenende. Mir fehlt die Energie der Stadt - und noch mehr fehlen mir meine Familie und meine Freunde.

die cosbys oder die hesselbachs?

Da ich die Hesselbachs nicht kenne, entscheide ich mich für die Cosbys. Als Kind habe ich diese Sendung geliebt und zusammen mit meinen Eltern angeschaut, wenn ich mich recht erinnere, donnerstags um 20 Uhr. Ich fand damals, dass sich die Mädchen wirklich cool angezogen haben. Heute ist es lächerlich, wie 80er-Jahre-mäßig sie ausgesehen haben.

museumsufer oder museum of modern art?

Ich denke mal, ich sollte für beide mehr Zeit aufbringen, aber ich gehe nicht allzu oft ins Museum. Mir gefallen Museen, die nicht allzu groß sind, sonst bin ich einfach überwältigt. Die Leute zu beobachten ist in New Yorker Museen toll.

anstoßen mit einem glas ebbelwei oder einem manhattan?

Ich mag weder Ebbelwei noch Manhattan. Ich trinke gerne Cocktails, das hat mir gefehlt, als ich hierhergezogen bin. Entweder gibt es jetzt mehr Cocktailbars oder ich habe mittlerweile die richtigen Plätze gefunden. Manhattans sind mir zu stark (ich hatte immer nur die Cocktailkirsche vom Glas meines Vaters) und Apfelwein finde ich zu schwach - beziehungsweise es kommt einem so vor, bis man nach ein paar Gläsern versucht, aufzustehen.

frankfurt oder new york?

Ich sage: beides. Es gibt klare Argumente und Gegenargumente für beide Städte. Ein großes Plus für Frankfurt ist, dass meine Wohnung hier genau so viel kostet wie meine vorherige in New York, dazu jedoch viel schöner und viel größer ist. Von Frankfurt aus zu verreisen ist leichter und man erreicht eine größere Vielzahl von Plätzen mit erheblich weniger Aufwand. Mir fehlen allerdings die Restaurants von New York und die Energie der Stadt. Mir fehlen besonders auch Kaufhäuser wie Barneys oder Saks; im Kaufhof oder Karstadt zu bummeln macht einfach nicht besonders viel Spaß. Mir geht ganz besonders ab, nahe am Meer zu leben, und die extremen Wetterschwankungen in New York. Im Sommer ist es mir hier einfach nicht heiß genug.

unter uns: Wer Seafood mag, kann sich in der Pearl Oyster Bar im West Village an Lobster satt essen.

MARWI
MARWI

tanja herron – zwei seelen wohnen, ach! in ihrer brust

Wenn sie mit ihrem Mann streitet, dann auf Deutsch. Und auf Englisch. An ihrem Arbeitsplatz bei den Vereinten Nationen in New York spricht sie Englisch. Und Deutsch. Tanja Herron ist fest verwurzelt. Hier und dort.

Neuerdings bekommt man nicht mehr so leicht einen Tisch im "Good enough to eat" an der Amsterdam Avenue, Ecke 86. Straße an der Upper West Side; schon gar nicht samstags und sonntags, aber auch unter der Woche formen geduldige Menschen eine ordentliche Schlange entlang des weißen Lattenzauns. Das "Time Out Magazine" schwärmte letztens in höchsten Tönen von dem Restaurant, wenn Hausmannskost tatsächlich derart lecker schmeckt, müsste man eigentlich noch bei Mutti leben. Tanja Herron war auch schon vor dieser formidablen Kritik häufiger Gast im "Good enough". An diesem Morgen hat sie sich zum Tee mit viel Zitrone die "Special Scrambled Eggs" bestellt, Rührei mit roten Zwiebeln, Tomaten und Dill, dazu Vollkorntoast. "Die Erdbeerbutter ist die Spezialität des Hauses",

erklärt sie und schmiert die zart rosafarbene Butter auf ihren Toast. Ziemlich ungewöhnlich und ziemlich lecker.

An der Upper West Side, jener Ecke Manhattans, die sich westlich des Central Park bis zur 110. Straße erstreckt, ist Tanja Herron zu Hause. Im rustikalen "Good enough" frühstückt sie gern; bei "H&H" über die Straße, wo sich der Wasserdampf aus der Backstube an den Schaufenstern niederschlägt, kauft sie ihre Bagels; gleich nebenan bei "Zabar's", dem berühmten Delikatessenladen, gibt es die Leckereien, die ihr aus Deutschland abgehen, Kräuterbutter beispielsweise; und im "Fairways" kämpft sie um Platz in den schmalen Supermarkt-Gängen mit den alten New Yorkerinnen, die im Leben nicht ohne knallroten Nagellack, passenden Lippenstift und toupiertem Haar aus dem Haus gehen würden.
Zu Fuß sind es ein paar Minuten zum Central Park. Man muss den Nannys folgen, denen es mühelos gelingt, mit einer Hand den Buggy zu schieben und mit der anderen aus einem Plastikbeutel Apfelschnitze für das quengelnde Kind zu fischen. Vorbei an den Brownstone-Häusern mit ihren gusseisernen Treppengeländern und den schmalen Gärten, in denen akkurat in Form geschnittene Buchsbäumchen wachsen. Hier gibt es Geschäfte mit allerlei Krempel und Kitsch, Buchläden und Boutiquen. Das Viertel ist charmant und chic, ein beliebter Rückzugsort für die Intellektuellen, die Kreativen und die Wohlhabenden.
Seit September 2003 leben Tanja Herron und ihr Mann in dieser Nachbarschaft, ihrem "hood". Eine Woche hatten sie sich damals Zeit gege-

ben, um eine Wohnung zu finden. "Wir haben uns bei einem Onkel meines Mannes in Queens eingenistet. Morgens sind wir losgezogen und haben bis abends ein Objekt nach dem anderen abgeklappert." Acht, zehn, nein, mindestens zwölf Apartments haben sie sich an der Upper West Side angeschaut, die Amsterdam Avenue hoch, die Columbus Avenue runter. "Was uns gefallen hat, war zu teuer. Was wir uns leisten konnten, war runtergekommen, es war zum Verzweifeln." Schließlich haben sie sie doch gefunden ihre Wohnung, 75. Straße, vierter Stock. "Mit der Maklerin im Schlepptau sind wir umgehend zum Bankautomaten, um die 400 Dollar für die Anzahlung abzuheben. Den Betrag hat sie uns auf einer Visitenkarte quittiert - ich war schockiert, mein Mann fand das ganz normal."

Tanja stammt aus Worms, ihr Mann Jeremy aus Baltimore - in Regensburg liefen sie sich über den Weg, wo sie beim Kulturamt angestellt war; er hielt sich zu einem kulturellen Austausch in Deutschland auf. Kurz nach ihrem Kennenlernen zog Jeremy Herron um nach Frankfurt, wo er als Journalist arbeitete. "Nachdem meine befristete Stelle beim Kulturamt in Regensburg abgelaufen war und mein Mann und ich schon ein Jahr Fernbeziehung hinter uns hatten, bin ich im Sommer 2000 von Bayern nach Hessen gezogen", sagt Tanja Herron. Zurück ins Rhein-Main-Gebiet, wo sie aufgewachsen und in Mainz zur Universität gegangen war. Beim Bundesverband Kunsthandwerk in Frankfurt fand sie eine neue Stelle.
"Wir waren beide nicht ganz so zufrieden mit unserer Situation in Deutschland, in ein englischsprachiges Land zu gehen hat uns gereizt." Jeremy Herron bewarb sich bei verschiedenen Universitäten, von der Columbia University kam die Zusage. New York also. Kein einfaches Pflaster für einen Neustart, im Spätsommer 2003 war das. Tanja Herron ist Kunstgeschichtlerin, und auch wenn es in der Stadt zahllose Museen und kulturelle Stätten gibt, sind die Stellen rar; viele Einrichtungen arbeiten zudem mit Volunteers, freiwilligen, meist sehr qualifizierten Helfern.

Nach drei Monaten war Tanja Herrons Touristenvisum abgelaufen, sie musste zurück nach Deutschland. "Ich lag in meinem Elternhaus in meinem früheren Kinderzimmer im Bett, gerade 33 Jahre alt geworden, und dachte nur: Was hast du angerichtet?" Kurze Zeit darauf kam der Anruf von der UN, wo sie ihre Bewerbungsunterlagen hingeschickt hatte. Sie reiste zurück nach New York zum Vorstellungsgespräch - am selben Tag noch bekam sie die Zusage.

"Ich bin schon stolz darauf, meinen kleinen Beitrag für die UN zu leisten", sagt Tanja Herron. Sie arbeitet beim Deutschen Übersetzungsdienst, kurz DÜD, oder German Translation Section in Englisch, GTS abgekürzt. Deutsch-Englisch, Englisch-Deutsch - Sprache, das ist das ganz große Thema im Leben von Tanja Herron. Ihr Mann spricht fließend Deutsch. "Wir

unterhalten uns in beiden Sprachen, meist ist es abhängig davon, worüber wir reden, wo wir die Erfahrung gemacht haben. Wenn wir über Deutschland sprechen, dann auch auf Deutsch." Es sei ihr enorm wichtig, dass ihr Mann ihre Sprache spreche, dass er Deutschland mag, "denn Kultur zeigt sich in der Sprache". Morgens setzt sie sich mit einer Tasse Tee an den Computer, liest in "Spiegel" und "Stern" nach, was Europa bewegt, "und manchmal, aus alter Verbundenheit, gucke ich auch auf die Seite der 'Mittelbayerischen Zeitung'."

Wenn Herrons streiten, tun sie das ebenfalls in beiden Sprachen. Und als sie einander ewige Liebe versprachen, geschah auch das auf Englisch und Deutsch. "Weil wir uns in Regensburg kennengelernt haben, fanden wir es romantisch, auch dort zu heiraten." Gemeinsam mit ihrer Mutter und ihrer Freundin schaffte sie es, die Feier im September 2004 in dem bayerischen Städtchen vom mehr als 6400 Kilometer entfernten New

York aus zu organisieren, "alles lief über E-Mail und Telefon". Typisch amerikanisch: Das Brautpaar lud zum Rehearsal Dinner, bei dem am Vorabend der Hochzeit im engsten Kreis die Feier geprobt wird; ebenso gab es eine Reception, einen Empfang, bei dem "Mr and Mrs Herron for the first time in public" präsentiert wurden. Die Spiele für Braut, Bräutigam und Gäste - der deutsche Beitrag zur Feier.

Deutsch ist zwar keine offizielle Amtssprache der Vereinten Nationen, doch aufgrund einer Resolution der Generalversammlung von 1974 werden sämtliche Resolutionen und Beschlüsse der Generalversammlung und des Sicherheitsrats sowie zahlreiche weitere wichtige Dokumente auch ins Deutsche übersetzt. Language Reference Assistant nennt sich Tanja Herron, sie und ihre Kollegen sorgen dafür, dass die Dokumente so aussehen, wie sie aussehen sollen. "Wir sind ein echtes Team, alle sind motiviert, jeder arbeitet mit jedem, das macht einfach Spaß." Mit ihrer Chefin verbindet sie gar ein Stück Rhein-Main-Vergangenheit, sie stammt aus Mainz und ist ebenfalls mit einem US-Amerikaner verheiratet. Wenn es gegen 15 Uhr ist in New York, versammeln sich die Kollegen, um gemeinsam eine Tasse Kaffee zu trinken, "da pflegen wir tatsächlich unser kleines Deutschland-Ritual und gucken dabei auf das Chrysler Building".
Der Übersetzungsdienst ist in einem Hochhaus gegenüber dem UN-Gebäude untergebracht, vor dem die Fahnen aller Länder der Erde im Wind wehen. "Die UN ist eine faszinierende Organisation", sagt Tanja Herron. Alles ist anders, ungewöhnlich in dem grün-glänzenden Komplex am East River. Spätestens beim Blick auf ihre Gehaltsabrechnung wird ihr das immer wieder bewusst. Weil sie auf internationalem Boden arbeitet und nicht in den USA, zahlt sie keine US-Steuern, sondern sogenannte UN-Steuern. Die USA sind lediglich Host Country, Gastland der Vereinten Nationen; die 17 Hektar große Fläche ist eine internationale Zone. Im Keller des Gebäudes befindet sich ein kleines Postamt, in dem die UN-eigenen

Marken auf die Briefe geklebt werden. Mit einer Webcam im Intranet können die Mitarbeiter jederzeit die Diskussionen im Sicherheitsrat oder in der Generalversammlung verfolgen.
Als Angela Merkel ihre erste Rede vor dem Sicherheitsrat hielt, hörte Tanja Herron gespannt zu, was die deutsche Kanzlerin den Mitgliedern der Vollversammlung zu sagen hatte. Und als Papst Benedikt XVI. im Saal der Generalversammlung zu den UN-Bediensteten sprach, hatte sich Tanja Herron schon ein paar Tage vorher zwei Stunden lang angestellt, um eine der 1700 Karten zu bekommen. "An dem Tag sind wir etwa drei Stunden vor der Rede aufgebrochen, um möglichst gute Plätze zu bekommen." Genau zu dem Zeitpunkt waren sie losgegangen, als der Papst anreiste. "Alles um die UN herum war abgesperrt, Hunderte Polizisten, Scharfschützen auf den Gebäuden, Hubschrauber, zig Pressevertreter." Ganze zehn Minuten hat der Papst zu den Mitarbeitern gesprochen. "War es das wert? Eigentlich schon. Ich war natürlich erst mal enttäuscht. Alle haben sich so gefreut, dass er da war, er wurde überall so herzlich begrüßt, nicht nur in der UN, sondern überhaupt die Tage, in denen er in den USA war. Und ich bin weder katholisch noch religiös, aber so ein ganz klein wenig war ich dann doch stolz, dass der Papst ein Deutscher ist."
Zwischen den beiden Ländern, mit und in denen sie lebt, hat sich Tanja Herron ganz gut eingerichtet. "Ich merke das schon deutlich, dass ich zwischen Deutschland und Amerika stehe. Aber ich bin nicht verloren, sondern beiden Ländern sehr verbunden. Zuhause, das ist New York für mich." Ihren Haushalt führt sie deutsch: Statt im Deli um die Ecke schnell etwas auf die Hand zu besorgen, kocht das Paar gern und häufig, Mittagessen nehmen sie sich von zu Hause mit ins Büro; stets ist Tanja Herron auf der Suche nach frischem, dunklem Brot mit Kruste. Ist sie zu Besuch in Deutschland, kauft sie ein: Naturheilmittel, Körperpflegeprodukte, Schokolade, Gewürze, Dinge, die ihr vertraut sind. "Wenn es irgendwie klappt, gehe ich auch zu meinem Stammfriseur im Frankfurter Westend." Und auf die Fressgass,

natürlich, wo sich so vortrefflich flanieren und schlemmen lässt.
Ab und zu müsse sie weg, raus aus New York, das seine Bewohner pausenlos in Atem hält. "Diese Geschwindigkeit hier, das hat nichts mit dem Rest des Landes zu tun, da ist New York Insel im wahrsten Sinne des Wortes." Freunde und Familie besuchen in den Catskills Mountains in Upstate New York zum Beispiel, da, wo sich Fuchs und Hase Gute Nacht sagen. Freunde zu finden sei schwierig in der Stadt, sagt Tanja Herron. "Man kommt schnell ins Gespräch, aber daraus entwickelt sich keine tiefe Beziehung. Meine besten Freunde leben nicht in New York." Sondern in Darmstadt, Weiterstadt, im Taunus. Dabei bemüht sie sich, ist zum Beispiel Mitglied bei den "New York Road Runners" und hat sich einer Läufergruppe angeschlossen in der Hoffnung, Anschluss zu finden. Im November 2005 ist sie den New York Marathon gelaufen, ein Jahr später den NYRR Half-Marathon Grand Prix durch alle fünf Boroughs der Stadt.

Zwei Mal im Jahr fährt Tanja Herron nach Deutschland zu Besuch; bei mageren zehn Tagen US-Urlaub im Jahr muss Jeremy Herron, der im

Ressort Business and Finance bei der Nachrichtenagentur AP arbeitet, gut überlegen, wie er sich die freie Zeit einteilt. "Zur Weltmeisterschaft waren wir beide in Deutschland, das war für ihn als großen Fußballfan die Reise seines Lebens." In Hamburg und Gelsenkirchen haben sie sich Vorrundenspiele angeschaut. Der Höhepunkt: Das Spiel Südkorea gegen Togo im Frankfurter Waldstadion, pardon, in der Commerzbank-Arena, wie die moderne WM-Stätte selbstverständlich heißt.
Wie war das noch? Die Amerikaner sind in der Vorrunde ausgeschieden, Deutschland wurde immerhin Dritter. Gut nur, wenn zwei Seelen in einer Brust schlagen.

hamburger mit käse oder handkäs mit musik?

Beides lässt sich sowohl in Frankfurt als auch in New York genießen! Den besseren Hamburger gibt's aber natürlich am Hudson und den besten Handkäs am Main. Also, alles zu seiner Zeit und - wenn man's, wie ich, möglichst authentisch mag - am besten auch am richtigen Ort.

coffee to go oder gemütliches kaffeekränzchen?

Das Kaffeekränzchen ist natürlich gemütlicher, das stimmt schon. Aber man kann ja jederzeit auch in New York weiter dieser Tradition frönen und eins in den eigenen vier Wänden veranstalten. In New York gibt es eine Vielzahl von Cafés aller Variationen - in einigen davon darf man sogar ein wenig länger sitzen und bekommt nicht sofort die Rechnung vorgelegt.
Aber der Coffee to go hat natürlich auch seine Reize, zum Beispiel wenn die Subway mal wieder zu lange unterwegs war, man spät dran ist, aber unbedingt noch seinen "caffeine fix" braucht; oder wenn man mit seinem iPod durch die Straßenschluchten hetzt und ein Coffee to go dann einfach irgendwie dazugehört.

bahn oder taxi?

Welche Bahn? U-Bahn/Subway oder Deutsche Bahn/Amtrak? Ich nutze die öffentlichen Verkehrsmittel ständig. Die New York Subway für den Arbeitsweg, Amtrak auf längeren Strecken, vor allem bei Ausflügen am

Wochenende. Die Deutsche Bahn fast immer, wenn ich in Deutschland bin. Die U-Bahn in Frankfurt mag ich komischerweise gar nicht. Da bin ich am liebsten mit dem Fahrrad oder zu Fuß unterwegs. Das Taxi nimmt man hier eher mal als in Deutschland, ist schließlich auch günstiger und unkomplizierter. Ein Auto besitze ich übrigens, wie die meisten New Yorker, nicht. Denn wohin damit?

zur entspannung raus aufs land oder rein ins gewimmel?

Das ist sicher eine Typ- und Altersfrage, egal ob man in New York oder in Frankfurt lebt. Ich muss ab und zu mal raus aus New York, runter von der Insel, weg vom Gewimmel, am besten aufs Land. Würde ich dort wohnen, wär's aber sicher umgekehrt.

wolkenkratzer oder fachwerkhäuser?

In Frankfurt hat man natürlich so ein bisschen beides, allerdings sind die Wolkenkratzer in New York natürlich eine ganz andere Kategorie und viel beeindruckender. Fachwerkhäuser gibt's hier keine, dafür aber die typischen "Brownstones", die auch sehr schön sind. Meine Wohnung liegt im vierten Stock in einem Brownstone-Townhouse ähnlichen Gebäude aus dem Jahr 1900, und damit bin ich ganz zufrieden.

heimweh oder fernweh?

Fernweh nach New York beziehungsweise Frankfurt hab ich nie, denn obwohl ich in New York wohne und die meiste Zeit hier bin, bin ich doch sowohl hier als auch dort zu Hause. Und Heimweh - ganz klar: Wenn ich in New York bin, fehlt mir manchmal Frankfurt. Wenn ich in Frankfurt bin, hab ich Heimweh nach New York.

die cosbys oder die hesselbachs?

Im Grunde weder noch. Sowohl die Cosbys als auch die Hesselbachs kenne ich natürlich, habe sie aber nie wirklich verfolgt. Und obwohl ich mich vor Kurzem mal wieder vom amerikanischen Konsumwahn habe mitreißen lassen und jetzt stolze Besitzerin eines brandneuen, hypermodernen HDTV Flat Screen bin, verbringe ich doch - ganz unamerikanisch? - recht wenig

Zeit vor der Kiste und ziehe sowieso in der Regel Spielfilme den Serien vor. Und das dann am liebsten im Kino. Besonders genieße ich dabei, dass hier immer alle Filme im Original (mit Untertitel) gezeigt werden und auf die peinliche Synchronisation verzichtet wird. Zu meinen weniger schönen Erinnerungen an Frankfurt gehört der Turm-Palast am Eschenheimer Tor, dem, zumindest in meiner Zeit, einzigen Kino, das Filme im Original gezeigt hat. Selbst das älteste Programmkino hier ist immer noch in besserem Zustand als der Turm-Palast damals.

museumsufer oder museum of modern art?

Auch hier hat beides seine Reize und schließt sich nicht aus! Das Kunstangebot in New York ist natürlich um ein Hundertfaches größer und vielseitiger als das in Frankfurt. Eine schöne Ausstellung im Städel oder MAK oder das Museumsuferfest während einem meiner Besuche in Frankfurt lasse ich mir allerdings nicht entgehen.

anstoßen mit einem glas ebbelwei oder einem manhattan?

Zu meiner Schande muss ich gestehen, dass ich mir nichts aus Ebbelwei mache. Von daher eher ein Manhattan. Allerdings lasse ich auch den gerne für einen guten deutschen Mosel-Riesling stehen. Trotz allem habe ich zu Hause zwei Bembel auf meinem Kaminsims, einen kleinen sogar mit der Aufschrift "Frankfurt".

frankfurt oder new york?

Im Moment New York, ganz klar. Denn da gibt's ja noch so viel mehr. Und wenn man dann doch mal Heimweh nach Frankfurt haben sollte, ist es ja gar nicht so weit weg von New York, denn es gibt da immer den günstigen Direktflug zwischen New York und Frankfurt mit der Singapore Airlines.

unter uns: Der besondere Gag: Strawberry Butter, Erdbeerbutter, die köstlich schmeckt zu Rührei, Vollkornbrot und Tee. Im "Good enough to eat" an der Amsterdam Avenue an der Upper West Side gibt es "good, old-fashioned American food".

77

tanja jolacic und markus sanio – verliebt in new york

Das Paar hat im Central Park den Bund fürs Leben geschlossen und möchte bleiben, für immer und ewig.

Nun war es ja nicht so, dass ihr diese ganze Situation nicht komisch vorgekommen wäre, das schicke Kleid, die elegante Frisur, diese Aufregung am frühen Morgen schon. Man könnte glatt meinen, sie gingen zu einer Hochzeit, scherzte die Schwester. Sie war für ein paar Tage zu Besuch bei Tanja Jolacic und ihrem Partner Markus Sanio, vor drei Jahren war das. Und für den 21. Oktober hatte das Paar einen Brunch als Unternehmung des Tages angekündigt. Brunch - von wegen. In der Subway haben die beiden schließlich mit der Wahrheit herausgerückt: Heute wird geheiratet, ohne Pomp und Protz, dafür ganz romantisch auf der Gapstow Bridge im Süden des Central Park. Also doch.

Ein paar Schritte nur muss man in den Central Park laufen, schon ist hinter den dicht gewachsenen Büschen und Bäumen nichts mehr zu hören vom Lärm der Großstadt, keine Sirenen, keine Hupen, keine Fahrradklingeln. Im

südöstlichen Teil des Parks Höhe 5th and 6th Avenue führt die Gapstow Bridge über The Pond, einen großen Teich. Ein Entenpaar zieht seine Runden, Wasserschildkröten haben auf einem morschen Baumstamm, der ins Wasser ragt, ein sonniges Plätzchen gefunden, im Unterholz kruschelt ein Eichhörnchen. Alles so friedlich hier. Von der majestätischen Brücke, die aus dem typischen Manhattan Schist gebaut ist, Glimmerschiefer und Fels, ist der Blick auf die Skyline atemberaubend. Ein Ort für die besonderen Momente im Leben, definitiv.

Wie bei einem Blind Date haben Tanja Jolacic und Markus Sanio ihren Wedding Officiant, der die Zeremonie vollzog, am Hochzeitsmorgen im Park getroffen, erzählt Tanja Jolacic. Ein Zufall zwar, aber doch so passend, denn Tanja und Markus hatten sich ebenfalls für ein Blind Date

verabredet, nachdem sie sich im Jahr 2000 bei einem Internetchat kennengelernt hatten. Einen unvergesslichen Tag, wenn nicht den schönsten ihres Lebens, wollten sie verbringen, und sie hatten sich einiges einfallen lassen, um ihren Traum von der Hochzeit wahr werden zu lassen. Nach der Trauung hob das Paar samt Trauzeugin mit einem Hubschrauber ab zu einem Rundflug über Manhattan, danach gingen sie schick essen, ließen am Broadway im Musical "Avenue Q" die Puppen tanzen und feierten bis spät in die Nacht in einer Bar. Die Flitterwochen haben sie ein paar Flugstunden entfernt in Los Angeles verbracht. "Ich bin einfach ein Stadtmensch", sagt Tanja Jolacic.

Wann immer die 35-Jährige zurückkehre nach New York, von wo auch immer, spüre sie das Gefühl von Heimat. "Ich fühle Verbundenheit. Ich bin so von Glück erfüllt, es ist für mich ein Privileg, hier zu leben." Seit dem 15. Juni 2004 wohnen Tanja, die aus Kassel stammt, und Markus, der in München geboren wurde, aber seit dem Vorschulalter in Marburg und Umgebung lebte, in New York. Mit viel Champagner haben sie während des Flugs von Frankfurt über den Großen Teich angestoßen, "weil ich mich so unfassbar gefreut habe, nach New York zu ziehen", sagt Tanja Jolacic. Für den Champagner, übrigens, hat sie gebüßt am nächsten Tag, es ist keine glorreiche Idee, dem Körper bei sechs Stunden Zeitunterschied und all der Aufregung auch noch Alkohol zuzumuten. Passiert ihr nicht mehr. Lektion gelernt.
Es war der Beruf von Markus Sanio, der das Paar nach New York geführt hat. Der promovierte Physiker trat vor acht Jahren bei der Deutschen Bank in Frankfurt seine Stelle an. Nach New York zu gehen, das war sein ganz großer Wunsch, "also stand ich regelmäßig bei den Chefs auf der Matte". Mittlerweile arbeitet er als Senior Audit Manager im Bereich IT Security für die Deutsche Bank. Das heißt, er ist zuständig für die Sicherheit der Daten der Großbank weltweit. Wenn Markus Sanio also nicht gerade durch die Welt fliegt, sitzt er in seinem Büro im Financial District an der Wall Street.

Von wegen, das Geld liegt auf der Straße. Hier, in Lower Manhattan, auch nicht, leider. Tiefe Risse ziehen sich durch den Asphalt der Wall Street, Schlaglöcher, Absperrungen, Bauzäune. Keine andere Straßenkreuzung ist in der New Yorker Geschichte von solcher Bedeutung wie die Schnittstelle von Wall Street und Broad Street. Bis zum heutigen Tage ist die 1817 gegründete New Yorker Börse das größte Finanzzentrum der Welt. Sollte hier gehustet werden, führt das unweigerlich zu Erstickungsanfällen überall auf der Welt. Schon 1790 wurden in und nahe der Wall Street außer Pelzen und Heringen auch Wertpapiere gehandelt. 24 Makler legten schließlich den Grundstein für die New York Stock Exchange, als sie sich 1792 verständigten, solche Papiere nur noch unter sich zu handeln. Der Börsenkrach von 1929, als 16 Millionen Aktien an einem Tag den Besitzer wechselten, gehört zu den schwarzen Tagen, die die Börse erlebt hat. Genauso wie die Terroranschläge vom 11. September, als der Handel für sechs Tage ausgesetzt wurde.

Weit reicht das Engagement der Deutschen Bank in New York zurück, in den Geschichtsbüchern ist bereits 1872 eine Kommanditbeteiligung bei dem New Yorker Bankhaus Knoblauch & Lichtenstein notiert; auch die

Finanzierung des amerikanischen Eisenbahnbaus gehörte seit den 1880er Jahren zu den großen Auslandsengagements der Deutschen Bank. Die Pläne, eine eigene Filiale zu errichten, scheiterten wegen des Ersten Weltkriegs und erst 1979 eröffnete das Unternehmen die Zweigstelle New York.

Für Markus Sanio waren gerade in den ersten Wochen und Monaten Zwölf- bis 14-Stunden-Arbeitstage keine Seltenheit. Auch heute noch kommt das vor. Tanja Jolacic war zum Zeitpunkt des Umzugs gerade dabei, ihr Studium der Sozialpädagogik abzuschließen. Für sie war es Fügung des Schicksals, nach New York zu kommen, um ihre Diplomarbeit abzuschließen. Denn sie befasste sich mit der Diagnose der Posttraumatischen Belastungsstörung (PTBS) und ihrer therapeutischen Behandlung. Auch die Auswirkungen der 9/11-Attentate arbeitete sie ein. Sie untersuchte die Behandlungsmethode EMDR, Eye Movement Desensitization and Reprocessing. Gemeint ist damit eine Therapie, bei der der Patient durch bestimmte Augenbewegungen traumatische Erlebnisse verarbeiten soll. Einfach war diese Zeit für sie sicher nicht: die fremde Umgebung, weit weg von Familie und Freunden, der Partner eingespannt in seinen neuen Job - und, da muss man auch mal ehrlich sein: die Verlockung der Großstadt. "Wenn ich rausgeschaut habe auf den Columbus Circle, wo wir in den ersten Wochen gewohnt haben, hat mich das motiviert, schneller zu arbeiten und voranzukommen." Sie wollte raus, diese tolle Stadt erkunden.

"Das Diplomthema habe ich ganz bewusst gewählt, um meine Jobchancen in den Staaten zu erhöhen", sagt Tanja Jolacic. Ein Plan, der aufgegangen ist. Mittlerweile arbeitet sie als Project Coordinator für eine Filmproduktion und Stiftung mit dem Namen "The Ripple Project: War". Wie es der Zufall will, spielt auch Deutschland eine Rolle. Einer der vier Kurzfilme, aus denen sich die Anthologie zusammensetzt, ist von dem Filmemacher Noaz Deshe, der in Tel Aviv geboren wurde und unter anderem in Los Angeles, London,

Paris, New York und derzeit in Berlin lebt. Deshe hat mehrere Jahre türkische und arabische Jugendliche gefilmt, die in jeder Silvesternacht einen fast unbemerkten Krieg mit Feuerwerkskörpern und Schreckschusspistolen führen und die Straßen von Berlin/Kreuzberg in eine Kriegszone verwandeln. "Neben PTBS habe ich mich während meines Studiums besonders mit Internettechnologie, Kommunikationsmitteln und sozialen Medien beschäftigt", sagt Tanja Jolacic. Zudem konnte sie während eines einjährigen Praktikums und betriebspraktischen Studien bei dem Filmfestival "Kasseler Dokumentarfilm- und Videofest" eine Menge über Film, Aufbau und Hintergrund eines Filmfestivals lernen. "Das kommt mir jetzt zugute."
Viele Unternehmen und Großbanken unterstützen ihre Mitarbeiter beim Schritt ins Ausland, sorgen für die Unterbringung in den ersten Wochen, zahlen regelmäßig Heimflug-Tickets, kommen für Makler und Steuerberater auf. Diesen sogenannten Expat-Status hat Markus Sanio mittlerweile nicht mehr, er hat einen lokalen Vertrag mit seinem Arbeitsgeber abgeschlossen. Ursprünglich war ihre Rückkehr nach Deutschland geplant für 2007. "Aber unser Wunsch, in New York zu bleiben, war stärker." Beide besitzen eine Greencard: jene Karte, die überhaupt nicht grün ist und offiziell Permanent Resident Card heißt und die unbegrenzte Aufenthalts- und Arbeitsberechtigung in den USA garantiert.

"Home to everyone from everywhere", wirbt Brooklyn für sich, jeder findet hier eine Heimat, ganz gleich, woher er kommt. Tanja Jolacic und Markus Sanio hat es nach Brooklyn gezogen, in eine wunderschöne Gegend, direkt gelegen am Prospect Park - der, das muss man sich mal vorstellen, den Architekten Calvert Vaux und Frederick Law Olmsted tatsächlich besser gefiel als der Central Park, den sie zuvor angelegt hatten. Eine breite Sandsteintreppe führt zu dem Haus, in dem sie eine Wohnung gemietet haben, die Eingangstür ist üppig verziert mit gusseisernen Ornamenten. "Manhattan ist sicher ein bisschen lebendiger, aber wir fühlen uns richtig

wohl hier." Und nicht nur sie. Viele Künstler zieht es in die Gegend, Schauspieler, Journalisten, Maler, Schriftsteller, Paul Auster natürlich. Dass sich gerade Beyoncé, die Sängerin, ein Apartment nahe Grand Army Plaza zugelegt hat, hat Tanja Jolacic erfahren. Brooklyn, ja, Brooklyn hat's geschafft, niemand lächelt mehr müde, wenn von dem Borough jenseits des East River die Rede ist.
Bei aller Liebe zur Stadt, Heimweh kommt doch ab und an auf, Heimweh nach der Familie, nach Freunden, nach der Möglichkeit, einfach auf einen Kaffee vorbeizuschauen, zu plaudern über dies und das. "Tanja hat unseren Freundeskreis in New York von null aufgebaut, das war und ist schwierig", sagt Markus Sanio. "Einen schönen Abend miteinander zu verbringen, das ist kein Problem. Schwer ist es, den Kontakt zu intensivieren, die Leute bei sich zu halten." Viele Bekannte haben sie über den Arbeitsplatz kennengelernt, Leute aus Italien, Spanien, China, den USA. Auch über ein Forum für Deutsche in Amerika haben die Frankfurter Anschluss gefunden.

Keine zehn Minuten von ihrer Wohnung entfernt, 422 Seventh Avenue/14th Street, liegt das "Café Steinhof". "Austrian Comfort Food" gibt es hier, österreichische Gerichte, die Leib und Seele zusammenhalten. Gulasch beispielsweise, Wiener Schnitzel, Linzertorte und Apfelstrudel. Im Sommer wird im "Steinhof" Hefeweizen und im Winter Glühwein ausgeschenkt. Ein bisschen herrscht hier eine Atmosphäre wie in einer Frankfurter Studentenkneipe, es ist laut und trubelig, Blechschilder an der Backsteinwand verbieten Rauch, offenes Feuer und Licht, raten, die Haxen abzukratzen und das Betteln und Hausieren bleiben zu lassen. Die Kellnerin kennt Tanja und Markus, will mehr wissen als nur "How are you today?", wie geht's Euch heute denn so? Silvester haben sie zusammen gefeiert, kommen samstags zum Brunch und sonntags zu Kaffee und Kuchen. Sie gehören dazu, sind Nachbarn, man kennt sich, schätzt sich. Als sie neu in der Stadt waren, war es genau das, was ihnen besonders gefehlt hat - das Gefühl, bekannt zu sein. Wieder und wieder sind sie in die gleichen Kneipen, Bars und Restaurants gegangen. "Wenn uns nach drei Besuchen der Kellner angesprochen hat, uns erkannt hat, hat das richtig gutgetan", sagt Markus Sanio. "Auf diese Weise haben wir die Stadt und die Nachbarschaft erobert."

Fünfeinhalb Stunden im Monat arbeitet Tanja Jolacic in der Park Slope Food Coop. Seit 35 Jahren gibt es diese Kooperative an der Union Street. Die mehr als 10.000 Mitglieder arbeiten in der Kooperative. So werden Personalkosten gespart. "Dafür dürfen wir dort einkaufen, die Ware ist biologisch und erheblich günstiger als in anderen Läden." Weil ihr Mann bis spät abends arbeitet, muss Tanja Jolacic seine Schicht übernehmen. Sie ist im Food Processing beispielsweise zuständig dafür, Käse abzuwiegen und mit Schildchen zu bekleben. Andere sitzen an der Kasse, füllen Regale auf oder zeichnen Produkte aus.

Wenn Tanja Jolacic und Markus Sanio von Deutschland sprechen, sagen sie "zu Hause". "Aber eigentlich fühlen wir nicht so", sagt er. Innovation, Sauberkeit, Organisation - das sind Attribute, die ihm zu Frankfurt einfallen, die Gründlichkeit, der Anspruch. Vieles davon haben sie hinter sich gelassen, manches verstehen sie gar nicht mehr so recht, das Gejammere, das Negative.

Wenn's ihnen mal nicht so gut geht, wenn es mal nicht rundläuft, gehen Tanja Jolacic und Markus Sanio zu ihrer Hochzeitsbrücke im Central Park. "Das ist eine Quelle der Kraft für uns geworden." Ob sie für immer und ewig in New York bleiben werden? Wer weiß? Markus Sanio hat Verwandte in Los Angeles, einen Onkel, den er seit frühester Kindheit regelmäßig besucht, der sogar gehofft hatte, der Neffe aus Deutschland werde mal seine Firma übernehmen. Sonne satt, das wäre auch mal was.

tanja jolacic hamburger mit käse oder handkäs mit musik?

Als Vegetarierin fällt die Wahl nicht schwer: Handkäs mit Musik. Und noch viel lieber Grüne Soße mit neuen Pellkartoffeln!

coffee to go oder gemütliches kaffeekränzchen?

Tee. To go oder vorzugsweise in der Tea Lounge in Park Slope in Brooklyn, oder im "Gramstand" im East Village in Manhattan.

bahn oder taxi?

Bahn, weil "people watching" eine meiner Lieblingsbeschäftigungen ist. Und nirgendwo lassen sich die Leute besser und unauffälliger beobachten als in der New Yorker Subway. Jedes Gesicht erzählt seine eigene faszinierende Geschichte.

zur entspannung raus aufs land oder rein ins gewimmel?

Das Schöne an New York und Umgebung ist, dass man beides in erreichbarer Nähe hat. Den Times Square, den Broadway, das Village, um nur einige bekannte Stationen zu nennen. Und auf der anderen Seite hat man den Sandstrand von Coney Island oder Long Island, die Catskills in Upstate New York, den Central Park in Midtown oder den Prospect Park in Brooklyn. Für jede Stimmung ein passender Ort.

wolkenkratzer oder fachwerkhäuser?

Wolkenkratzer, weil sie ganz selbstverständlich neben alten Gebäuden aus den letzten Jahrhunderten existieren und keinen Widerspruch darstellen. Alles fügt sich perfekt in die Skyline und das Stadtbild ein und macht so den besonderen Reiz der Stadt aus.

heimweh oder fernweh?

Da ich in Deutschland bikulturell und bilingual aufgewachsen bin, ergibt sich für mich durch den Umzug nach New York noch mal eine neue Dimension. Begriffe wie Heimat und Fernweh relativieren sich schnell, wenn man Adaption gewohnt ist. Die eigene kulturelle Identität entsteht immer aus der Auseinandersetzung mit dem anderen. Hier in New York oder an jedem anderen Platz der Welt.

die cosbys oder die hesselbachs?

Die Cosbys, weil sie mit ihrer unverbesserlich optimistischen Art mit jedem

Problem fertig geworden sind und ein Vorbild für den Zusammenhalt in der Familie waren.

museumsufer oder museum of modern art?

Sowohl als auch. Wenn man sich für Kunst interessiert, zählt primär die Kunst und nicht der Standort. Da die meisten erfolgreichen Künstler internationalen Ruf genießen, kann man sie mit ein bisschen Glück sowohl in einem der Museen am Museumsufer als auch im MoMa bestaunen.

anstoßen mit einem glas ebbelwei oder einem manhattan?

Mit einem Apple Martini.

frankfurt oder new york?

New York, weil die Stadt wie ein großes Theater ist, auf dessen Bühne jeder sein eigenes Stück spielen kann. New York hat ein ganz besonderes Flair und Spirit. Once you get it you will never want to leave.

unter uns: Der Prospect Park im Herzen Brooklyns kann dem Central Park jenseits des East River durchaus das Wasser reichen. Im Bootshaus kann man Tretboote ausleihen und damit über den Teich schippern, am Long Meadow wunderbar picknicken oder durch Brooklyns einzigen Wald laufen.

markus sanio hamburger mit käse oder handkäs mit musik?

Hamburger mit Käse! Auch wenn ich den Handkäs vermisse, ist es mehr eine lieb gewonnene Erinnerung, die man sich mit Freunden im Biergarten gönnt, wenn man mal wieder zu Besuch ist. Die Dosis Heimatgefühl holen wir uns im Moment mit Schnitzel und Spätzle im österreichischen Restaurant um die Ecke, nicht sehr hessisch, aber doch näher am Handkäs als der Burger.

coffee to go oder gemütliches kaffeekränzchen?

Coffee to go. Ich genieße es ungemein, morgens früh auf dem Weg zur Arbeit im Vorbeigehen schnell einen Kaffee mitzunehmen. Nicht lange anstehen, auf das Wesentliche reduziert und mit einem Lachen und guten Wünschen begleitet, hat man 30 Sekunden später seinen Kaffee inklusive Milch und Zucker in der Hand und bezahlt. Man braucht kaum stehen zu bleiben. Wenn ich in Frankfurt einen Kaffee am Bahnhof ergattern möchte, stehe ich lange in der Schlange, muss mit muffeligen Angestellten umgehen, mir alles selber mischen und dann zahle ich den dreifachen Preis.

bahn oder taxi?

Bahn, hier und in Frankfurt. Subway ist das schnellste Transportmittel in New York, da kommt kein Taxi mit. Man kümmert sich um keinen Fahrplan, weil die Bahnen in sehr hohen Takten fahren. Im Höchstfall wartet man mal zehn oder 15 Minuten, selbst spät am Abend. Mitten in der Nacht gegen 4 Uhr kann es auch ein wenig länger dauern, aber die Bahn kommt und ist nicht leer. Taxi nur, wenn man mit viel Gepäck zum Flughafen will. Die Subway in New York ist weit angenehmer als die S/U-Bahnen in Frankfurt. Schneller, bessere Anbindung und erheblich billiger.

zur entspannung raus aufs land oder rein ins gewimmel?

Aufs Land. Entspannen kann ich am besten bei langen Fahrten durch die Wüste Arizonas, auf der Route 66 oder bei einem Spaziergang entlang des Grand Canyon. Der Kontrast zwischen elektrisierender Energie in New York und den endlosen Weiten der Westküste ergänzt sich für mich perfekt. Aber über das Wochenende in die Catskills oder nach Long Island bietet fast genauso viel Erholung. Für den "instant fix" an Erholung fahre ich kurz zum Time Square. Das Gewimmel reicht aus, um die Batterien kurz aufzuladen.

wolkenkratzer oder fachwerkhäuser?

Schwierige Frage. Wolkenkratzer sind beeindruckend und machen zum großen Teil das besondere Flair dieser Stadt aus. Sie machen die Stadt so präsent, weil sie von überall ersichtlich sind. Andere große Städte wirken nicht so, weil ihnen die Skyline fehlt. Als Pendant zum Fachwerkhaus könnte man hier das Brownstone nennen. Für meinen Geschmack lebe ich lieber in einem Brownstone und schaue mir die Wolkenkratzer an als umgekehrt.

heimweh oder fernweh?

So komisch es klingen mag, das Heimweh nach New York wird mit jedem Jahr intensiver, wenn ich auf Reisen bin. Das Fernweh nimmt immer mehr ab. Heimweh nach Frankfurt und Deutschland kommt schon ab und zu auf, aber mehr in Bezug auf Familie und Freunde und nicht auf die Stadt oder Umgebung bezogen.

die cosbys oder die hesselbachs?

Ich ziehe den Joker, keines von beiden. Die Hesselbachs sind aber eine liebe und nette Darstellung eines Lebensgefühls, welches ich gerne hinter mir gelassen habe. Aber das macht die Cosbys nicht unbedingt besser. Ich muss aber zugeben, ich habe beide Sendungen gerne und ausgiebig geschaut.

museumsufer oder museum of modern art?

Beides auf seine Art. Schön in Frankfurt waren die Museumsufer-Nächte, bei denen man die ganze Nacht von einem Museum ins nächste laufen konnte. Dafür ist in New York das Angebot interessanter, über Modern Art hinaus mit den verschiedenen Themen des Guggenheim, Natural History, Cloisters und den vielen Sonderausstellungen zu Kunst oder historischen Themen.

anstoßen mit einem glas ebbelwei oder einem manhattan?

Lieber Ebbelwei oder ein gutes Bier, hier gibt es viel zu viel Light-, Diet- oder Wasserbier und keinen guten Ersatz für den Apfelwein, zumindest haben wir trotz Suche keinen gefunden. Und Cider ist kein wirklicher Ersatz.

frankfurt oder new york?

So lange ich die Wahl habe, fällt die Entscheidung für New York. Es ist aber kein fairer Vergleich, da New York um Dimensionen vielfältiger ist und mit seiner Dynamik und multikulturellen Eindrücken mehr bietet. Mir gefällt die "can do"-Atmosphäre im Moment besser als Bedenkenträgertum. Positive Eigenschaften Frankfurts wie Stabilität, Tradition und Kultur überwiegen zurzeit nicht bei dieser Entscheidung.

Gaffel Kölsch
Gaffel Kölsch

jimmie hunt – hahn im korb

Bei den Mädels punktet der Frankfurter Basketballspieler regelmäßig. Bei den Skyliners kämpft der Point Guard um seinen Platz auf dem Platz.

Manchmal, wenn Jimmie Hunt die paar Meter von seiner Wohnung über das Gelände des Nordwestzentrums zur Trainingshalle läuft, wird er von Fans angesprochen. Sie erkennen Jimmie sofort, Spitzname Deuce, die Nummer 35 der Skyliners, 1,87 Meter groß. "Klar ist das toll", sagt er und gibt gern Autogramme oder posiert für Fotos. Ihn freut das, er mag den Kontakt zu den Fans, die die Basketballer unterstützen, in schlechten Zeiten und in guten.
Verdammt gute Zeiten haben die Deutsche Bank Skyliners hinter sich, auch wenn es am Ende der Saison doch nicht für den Einzug ins Finale gereicht hat. Die letzte Halbfinal-Begegnung gegen die Telekom Baskets aus Bonn in der Höchster Ballsporthalle war nichts für Leute mit schwachen Nerven: Ein einziger Punkt entschied das Duell nach fünf hitzigen Play-off-Partien. Vier Jahre zuvor, 2004, wurden die Frankfurter zum bislang einzigen Mal deutscher Meister. Dabei gewannen sie sowohl die Viertel-, Halb- und Finalserie im entscheidenden fünften Spiel. Dieses Mal waren leider nicht aller guten Dinge fünf.

Man muss es sportlich nehmen: Viel besser hätte Jimmie Hunts Einstand am Main trotz des verpassten Meisterfinales nicht laufen können. Auch, wenn er weniger zum Einsatz kam, als er es sich gewünscht hat. Seit gut einem Jahr steht er bei den Skyliners unter Vertrag. Jimmie Hunt ist Point Guard, ein Aufbauspieler und Spielmacher. Für diese Position muss man schnell sein, wendig, den orangefarbenen Ball perfekt beherrschen. Earvin "Magic" Johnson war Point Guard und gehört zu den Basketballern, die Jimmie Hunt bewundert. "Er ist ein großartiger Guard, kontrolliert das Spiel." Sein Vorbild aber ist sein Vater, der beinahe selbst Profi-Basketballer

Schelde
international
35
Deutsche Bank
SKYLINERS

geworden wäre, sich aber verletzte, als er für die Syracuse University im Bundesstaat New York spielte. Stattdessen wurde er zum besten Trainer, den Jimmie sich vorstellen kann. Schon als Junge hat er zu ihm aufgeschaut, hat mit ihm Körbe geworfen, ist mit ihm zu Spielen gefahren. "Er ist ganz schön streng mit mir, kritisiert mich, erklärt mir, was ich besser machen muss". Wenn er ein Ziel erreichen will, muss er hart dafür arbeiten, hat ihm der Vater eingebläut. Jimmie Hunt hatte ein Ziel: Profi-Basketballer werden. Also hat er dafür hart gearbeitet.

Weil sein Vater im Militärdienst bei der Marine ist, sind die Hunts oft umgezogen. "Ich kenne fast jeden Fleck in den USA. Aber in New York haben wir unsere Basis gehabt, dorthin sind wir immer wieder zurückgekehrt", sagt er. In Upstate New York, in Utica, wurde Jimmie Hunt 1982 geboren; er ist zusammen mit zwei jüngeren Schwestern aufgewachsen. So häufig, wie die Familie die Stadt gewechselt hat, so häufig musste der 26-Jährige auch die Schule wechseln. Seinen College-Abschluss in New Hampshire hat Jimmie Hunt in Mathematik gemacht.

"Nach meiner Zeit auf dem College und meinen ersten Erfolgen war mir klar, dass ich professionell Basketball spielen möchte und dass ich das auch kann." Um die Zeit zu überbrücken, hat er zunächst für ein Jahr einen Job angenommen. Bis der Anruf kam und mit dem Anruf das Angebot: die Verpflichtung bei dem slowenischen Erstliga-Club Kemoplast Alpos Sentjur. "Das war mein erstes Jahr in Übersee, das war schon etwas Besonderes", sagt er. Er lernte, sich auf die europäische Spielweise einzustellen. "Der europäische Basketball-Stil ist sehr strukturiert, wichtiger als das Einzeltalent ist die Teamleistung." Anfangs sei es ihm nicht immer leichtgefallen, sich dieser Spielart anzupassen, "aber ich habe es geschafft. Wir hätten sicher mehr als den siebten Platz rausholen können, aber alles in allem war es eine gute Saison".

Aus Slowenien haben die Frankfurter Beobachter den US-Amerikaner an den Main geholt, und mittlerweile hat sich Jimmie Hunt gut eingelebt. Weil er zweimal täglich zum Training zur Basketball-City Mainhattan muss, wie die Halle am Nordwestzentrum heißt, wohnt er in einem der Apartments in der Nordweststadt. Keine halbe Stunde dauert die Fahrt von der Innenstadt hierher. Irgendwann steigt die U 1 aus der Erde heraus. Das Licht im Abteil geht aus, durch die zerkratzten Fenster scheint grell die Sonne herein. Die meisten Leute sind eingenickt, Kopf auf der Brust, Mund offen, die Tasche auf dem Schoß fest im Griff. Die Nordweststadt ist Schlafstadt.

New York sei anders, verrückter, voller, "überall sind Menschen", sagt Jimmie Hunt. Klar liebt er die Stadt, liebt es, mit seinen Kumpels abzuhän-

35

gen, "irgendwas gibt es immer zu tun". Zum Beispiel, ein Spiel von den New York Knicks im Madison Square Garden anzuschauen. Mehr als 19.000 Fans jubeln, wenn die Knicks – was bei dem glücklosen Team selten genug geschieht – Körbe werfen im Garden, der berühmtesten Arena der Welt.

Was die Stimmung angeht, machen die Frankfurter Fans den New Yorkern durchaus Konkurrenz. 1999, im Gründungsjahr der – damals noch Opel – Skyliners, schlossen sich auch die Fans zu den "Skybembels Frankfurt" zusammen. Mit mehr als 300 Mitgliedern sind die Bembels einer der größten Basketball-Fanclubs in Deutschland. Als es während der Saison nicht so gut lief für Jimmie, standen die Fans an seiner Seite, überraschten ihn mit Plakaten, "Jimmie, go on". Basketball hat in Frankfurt einen großen Stellenwert. Die Stadt hat den Skyliners die Basketball-City Mainhattan zur Förderung der Sportart in der Region überlassen. Irgendjemand wirft hier immer seine Körbe oder trainiert sein Ballhandling, der Nachwuchs des Hessischen Basketball Verbands ebenso wie die Talente der Basketball Academy Rhein-Main. Nebenan, in den Titus Thermen, trainieren die Sportler Kraft und Ausdauer.

Das Training morgens und nachmittags, eine Mischung aus Athletik, Kondition, Technik, bestimmt den Tagesablauf von Jimmie Hunt. Wichtig sei, dass er seinem Körper ausreichend Ruhe zur Regeneration gönne. "Wir Spieler unternehmen viel zusammen, unterhalten uns, machen Videospiele, hören Musik, ab und zu schauen wir uns im Kino amerikanische Filme an." Um auch geistig neue Kraft zu schöpfen, geht er sonntags zur Messe in die International Church.

Jimmie Hunt gefällt, dass Frankfurt eine multikulturelle Stadt ist. Die Profis der Skyliners kommen aus allen Himmelsrichtungen, Ukraine, Bulgarien, die meisten sind Amerikaner und Deutsche. Headcoach Murat Didin, den sie Baba rufen, stammt aus der Türkei, Assistant Coach Daphne Bouzikou – die Frau im Team – hat griechische Wurzeln. Verständigungs-

schwierigkeiten im Eifer des Gefechts gibt es trotzdem nicht. Wenn sich die Spieler in der Auszeit um Baba scharen, malt er ihnen auf seinem Brett auf, was er in den nächsten Minuten von ihnen erwartet: X steht für einen Abwehrspieler, ein Angreifer ist mit einem O markiert. Durchgezogene Linien sind Laufwege und gestrichelte Linien stellen den Flug des Balles bei Pässen dar. "Alles klar?" Jimmie Hunt grinst, ein bisschen schüchtern, aber sehr sympathisch. Kein Wunder, dass die Mädchen reihenweise für ihn schwärmen. Sein "alles klar" gehört zu den deutschen Sätzen, die er perfekt beherrscht. Ansonsten hapert es noch ziemlich, obwohl er einmal in der Woche einen Kurs besucht. "Ich habe keine Probleme, die Lehrerin zu verstehen, sie spricht langsam, klar, deutlich, ohne Dialekt." Die Frankfurter tun das aber nicht, leider. Seine Familie holt Jimmie Hunt oft nach Deutsch-

land, weil es für ihn schwierig ist, mehrere Wochen am Stück freizumachen und nach Hause zu fliegen. "Ich mache dann den Stadtführer", sagt er, "vor allem meine Mutter liebt Frankfurt."
Jimmie Hunts Vertrag bei den Skyliners geht über drei Jahre, bis zum Ende der Saison 2009/2010 hat ihn das Team verpflichtet. Wenn es nach ihm geht, bleibt er länger. "Alles klar, oder?"

Am 30. Juli 2008 meldet der Pressedienst der Deutsche Bank Skyliners lapidar: "Der Vertrag mit Guard Jimmie Hunt wurde aufgelöst."
Jimmie Hunt ist darüber traurig und enttäuscht. "Ich finde es wirklich toll hier, und ich hatte eine großartige Zeit in Frankfurt. Ich liebe die Frankfurter Fans und meine Mitspieler." Aber er sieht auch die positive Seite: "Die Entscheidung, Frankfurt zu verlassen, wird sich am Ende als gut für mich erweisen."

hamburger mit käse oder handkäs mit musik?

Handkäs habe ich noch nie probiert und weil ich keine Zwiebeln mag, wird das wohl auch nicht passieren.

coffee to go oder gemütliches kaffeekränzchen?

Haha, das ist ja wohl eher eine europäische Angewohnheit. Ich mache das nicht, ich trinke überhaupt keinen Kaffee.

bahn oder taxi?

Ich fahre öfter mit dem Taxi als mit der Bahn. Meistens ist das leichter.

zur entspannung raus aufs land oder rein ins gewimmel?

Also ehrlich gesagt fahre ich nicht so gern raus aufs Land. Ich mag Lärm und Menschen und Action. Selbst wenn ich in einer Stadt bin, wo um mich rum eine Menge los ist, kann das ganz entspannend für mich sein. Einfach spazieren gehen, vielleicht Musik hören und die Gebäude anschauen. Das ist sehr entspannend für mich.

heimweh oder fernweh?

Natürlich fehlt mir mein Zuhause, aber ich bin gern hier, also ist es nicht allzu schlimm für mich. Ich lebe jetzt seit drei Jahren in Europa, und es wird immer leichter.

die cosbys oder die hesselbachs?

Haha, also ich bin damit aufgewachsen, die Cosby Show zu gucken. Und wenn die Cosbys heute im TV laufen, schaue ich mir das an. Es ist eine klasse Show, eine der besten damals.

museumsufer oder museum of modern art?

Bislang habe ich es noch in keines der Museen geschafft. Ich möchte wirklich gerne und gucke immer, ob ich jemanden finde, der mit mir geht, aber bislang hatte ich keine Gelegenheit.

anstoßen mit einem glas ebbelwei oder einem manhattan?

Ich trinke keinen Alkohol.

frankfurt oder new york?

Ich liebe New York. Ich glaube, das ist die beste Stadt der Welt. Es gibt so viel, was man dort tun kann, immer Action, Leute treffen, essen gehen, etwas unternehmen ... Der Lebensstil ist unheimlich schnell, und es gibt so viele verschiedene Menschen dort. Also wenn ich wählen müsste: New York. Aber ich mag Frankfurt. Das ist eine hübsche Stadt, langsamer, ein bisschen sauberer. Nachdem ich in Europa etwas herumgekommen bin, würde ich sagen, Frankfurt ist eine meiner Lieblingsstädte. Es ist sehr amerikanisch hier, viele amerikanische Restaurants, jeder spricht Englisch. Frankfurt hat ein englischsprachiges Kino, wo ich oft hingehe. Frankfurt hat ein amerikanisches Feeling, bewahrt aber seine europäische/deutsche Kultur und den Lebensstil. Es ist eine großartige Stadt.

unter uns: Zur Entspannung gehe ich gern mit ein paar Leuten aus dem Team ins Turmpalast-Kino. Da laufen die Filme in Originalversion.

ralf hennig – locker bleiben

Viele Menschen gibt es wohl nicht, bei denen der einst mächtigste Mann der Welt ins Schwitzen kommt. Der New Yorker Konditionstrainer bestimmt, wo es langgeht.

Das Schiff tuckert auf dem Hudson River stromabwärts, bei jeder Welle wiegt es sich hin und her und her und hin, das brackige Wasser klatscht an die Außenwände. "Nun sehen Sie das Empire State Building", sagt John, der Guide. Eilig leiert er die Details herunter, von denen er glaubt, dass seine Gäste auf dieser Tour sie gehört haben sollten: 1931 in nur 410 Arbeitstagen gebaut; seit den Terroranschlägen vom 11. September 2001 wieder das höchste Gebäude der Stadt; 431,2 Meter hoch, einschließlich Antenne.

Ralf Hennig sitzt auf einem der Stühle nah am Fenster, fixiert die Skyline mit den Hochhäusern, von denen die höchsten ihre Köpfe in den Wolken stecken haben. "Was hat New York, was Frankfurt nicht hat?", fragt er. Die silbrige Krone des Chrysler Buildings glänzt in der Nachmittagssonne. John redet weiter in sein knisterndes Mikrofon ohne Punkt und Komma, dieser Mann muss nicht mal Luft holen. Pro Woche wurden etwa vier Stockwerke errichtet, für die damaligen Verhältnisse – Grundsteinlegung für das Chrysler Building war 1928 – ein Rekord.

Die Antwort also? Sie wäre leicht zu geben, zu leicht wahrscheinlich, wäre Ralf Hennig einer, der auszog, um in der großen Stadt das Fürchten gelehrt zu bekommen. Ist er aber nicht. Von Ralf Hennig könnte die Rede sein, wenn man erzählen will, wie der amerikanische Traum Wirklichkeit wird, die kitschig-schöne Geschichte von einem, der sich hochgearbeitet, durchgesetzt, durchgebissen hat, vom Koch zum Kraft- und Konditionstrainer des einst mächtigsten Mannes der Welt, des früheren US-Präsidenten Bill Clinton.

Eine Schifffahrt würde er gern unternehmen, hatte Ralf Hennig vorgeschlagen. Zwei Stunden still sitzen, nur gucken, nichts tun – ungewöhnlicher Wunsch für einen Mann, der ständig in Bewegung ist. Aber warum nicht? Also einmal Manhattan umschiffen, bitte! Es ist einer dieser typischen New Yorker Wintertage, an denen man das Gefühl hat, dass New York wirklich die schönste Stadt der Welt ist, herrlich klar, sonnig und eiskalt. Bis die schneeweiße "Circle Line" ablegt vom Pier 83, Höhe 42. Straße, am Westufer Manhattans, dauert es noch gut 20 Minuten. "Laufen wir", schlägt Ralf Hennig vor, "ich laufe gern."

performance ball.

Ralf Hennig ist groß gewachsen, beinahe hager; er trägt Jogginghose, Sweatshirt und Turnschuhe, macht große Schritte und stoppt immer dann abrupt, wenn ihm das, was er sagt, besonders wichtig ist. "Wir sitzen zu viel"; "wir bewegen uns zu wenig"; "wir sind zu bequem geworden"; "die wenigsten Menschen können heute noch Liegestütze". Das geht ihm einfach nicht ins Hirn: "Mit so vielen Dingen sind wir konsequent, warum nicht auch mit unserem Körper?" Er geht mit gutem Beispiel voran, läuft jeden Tag etwa zehn Kilometer oder fährt 50 Kilometer auf seinem Sportrad, trainiert eine gute Stunde und trifft sich einmal die Woche mit Freunden zum Kicken. Seine Kunden müssen sich die Zeit für den Sport mühsam erkämpfen, sie sind berufliche Überflieger, Wall-Street-Millionäre, Banker, Wirtschaftsbosse; auch die Fußballer der New York Red Bulls zählen dazu.

Sport hat Ralf Hennig immer schon begeistert. "Aber da, wo ich geboren bin, gibt es keine Berge und kein Wasser." Jedenfalls keine nennenswert hohen Berge und keine besonders tiefen Gewässer. Die Rede ist vom Taunus-Städtchen Hofheim. Hier ist der 47-Jährige aufgewachsen, mit Mutter, Vater, einem Bruder, zwei Schwestern, den Großeltern, Vorstadt-Idylle am Rande Frankfurts. "Der Meisterturm war mein Spielplatz, was bin ich da gern gewesen." 172 Stufen, knapp 30 Meter hoch, dem Himmel nahe. Schöne Aussicht von dem Turm am Kapellenberg, nach Süden über das Rhein-Main-Gebiet, bei klarer Sicht bis zum Odenwald, nach Norden auf die Höhenzüge des Taunus samt dem Großen Feldberg.

Das Fernweh hatte ihn gepackt, er wollte raus, weg aus Hofheim, die Welt entdecken, egal wohin. Damals war er fast noch ein Junge, 15 Jahre alt, und der Vater hatte den passenden Vorschlag parat, Koch solle der Sohn werden, ein solider Beruf, von dem er gut sein Leben bestreiten und durch die Lande reisen könne. In Frankfurt besuchte Ralf Hennig drei Jahre lang die Koch-Schule, absolvierte seine Lehre im Höchster Hof am Mainufer im Stadtteil Höchst, und von da aus kochte er sich einmal um den Erdball: in Jeddah in Saudi-Arabien stand er in jenem Hotel am Herd, das König Fahd für seine Frau hatte errichten lassen, kochte in der Schweiz, auf den Bermudas und den Cayman Islands.

Er hat da seine eigene Theorie entwickelt: "In der Küche kann man sehr schnell aus wenigen Sachen etwas machen, hat umgehend ein Erfolgserlebnis" – und mit der Fitness sei das ganz ähnlich, erklärt Hennig. Überall, wo es ihn hinverschlagen hat, fand er stets auch die Zeit, eine neue Sportart zu lernen: "Ich wollte den Gegensatz erleben, in Balance bleiben." Also lernte er zunächst Skifahren, anschließend Tauchen, spielte Tennis und Squash, kletterte auf Berge und surfte auf dem Meer, trainierte Kampfsport und stemmte Gewichte. 1985 blieb er in New York hängen, lebte und arbeitete hier und da und landete schließlich in Bedford.

Bedford liegt draußen, auf dem Land, in Westchester County. Die Straßen sind breit und von Bäumen gesäumt, die Villen imposant und schick. Nachts kann man bei offenem Fenster schlafen, es gibt kleine Geschäfte, vollgestopft mit Kunst und Krempel, einen Blumenladen, in dem die Katzen samtpfötig um die Töpfe schleichen, einen Golfplatz. Nah genug dran, weit genug weg. Eine knappe Stunde mit dem Auto ist das nimmermüde Manhattan entfernt. "Für die Kinder ist es ein Thrill, in die Stadt zu fahren." Für ihn, nun ja, eher nicht.

Besuch bei der alten Dame: Die "Circle Line" zieht an der Freiheitsstatue vorbei. Die Kinder tollen durch den Bauch des Schiffes, die Erwachsenen knipsen wie verrückt, Hochseestimmung. "So nah hab ich sie noch nie gesehen." Viel fehlt nicht und Ralf Hennig würde seine Nase an die Glasscheibe pressen. Unerschütterlich steht sie da, seit 1886, die Lady Liberty im Hafen von New York, Symbol der großen Freiheit für die, die kommen, mühselig und beladen. "Ich könnte jetzt meine Koffer packen und nach Deutschland zurückgehen." Wie er das sagt, so beiläufig, als müsste er im Supermarkt noch kurz vor Ladenschluss einen Liter Milch besorgen oder beim Stand an der Ecke ein paar Bagels. Unbekümmert, selbstverständlich, ohne Wehmut, Reue, Tränen.

Irgendwann musste er sich entscheiden, anders ging es nicht, wer kann schon auf Dauer zwei Berufe gleichzeitig ausüben, tagsüber kochen - in Bedford hatte Hennig ein Food Catering Business aufgezogen - und abends Sportunterricht geben. "Meine Frau gab schließlich den Anstoß, weil ich mich förmlich zerrissen habe", sagt er. Der Sport war erste Wahl, "Dynamic Fitness LLC" heißt seine Firma heute; Hennig gilt als einer der Toptainer in Amerika.

Martha, mit der Ralf seit 1984 verheiratet ist, hat er in einem seiner Kurse kennengelernt. Sie kam oft zu spät, platzte in die Übungsstunde - für Hennigs Geschmack zu oft. "Unpünktlichkeit kann ich gar nicht haben", sagt er, der Deutsche, der er geblieben ist in den mehr als 20 Jahren in Amerika.
Lang und breit musste er bei einer Anhörung darlegen, weshalb man ausgerechnet ihm die eher ungewöhnliche doppelte Staatsbürgerschaft zugestehen sollte. Viele gute Gründe konnte er nennen, die starke Bindung an sein Elternhaus beispielsweise. Außerdem ist er im Kuratorium von "Kindercamp Villa Sans Souci", einer Berliner Einrichtung, die schwerstkranken

jungen Menschen durch einen Freizeitaufenthalt neuen Lebensmut schenken und gleichzeitig den internationalen Erfahrungsaustausch von Ärzten und Hilfsorganisationen fördern will. Die Idee stammt von Paul Newman, der in den USA die "Hole in the Wall Camps" ins Leben gerufen hat. Als Mittler zwischen Deutschland und Amerika tritt Ralf Hennig auf. Eine Rolle, die ihm passt. Die zu ihm passt.

In New York hat er sein Zuhause, in Frankfurt seine Heimat. Ralf Hennig ist keiner, der das Leben auf die leichte Schulter nimmt. "Ich denke viel darüber nach, wo ich wirklich herkomme." Genau das will er auch seinen Kindern vermitteln, Liesl und Wilhelm, und Katharina, der Tochter, die seine Frau mit in die Ehe gebracht hat. Ihnen will er beibringen, dass nichts im Leben selbstverständlich ist, Reichtum nicht und Ruhm nicht, dass es oft die kleinen Dinge sind, die glücklich machen.
Den Christbaum erst am Vorabend von Heiligabend zu schmücken, so, wie es gute deutsche Sitte ist, das lässt er sich nicht nehmen. Aber den Weihnachtsabend statt des Weihnachtsmorgens zu feiern, da kann er sich nicht bei der Familie durchsetzen, leider. Übers Internet verfolgt er deutsche Nachrichten, schaut sich im TV täglich die Euronews an. Die amerikanische Hektik, diese Schnelligkeit, das liegt ihm nicht. "Sich einfach mal an den Tisch setzen, nur quatschen, das fehlt mir." Daheim, in Hofheim, bringt sein Bruder zu solchen Treffen seinen selbstgemachten Ebbelwei mit. Und dann ärgert sich Ralf über sich selbst, wenn ihm ein deutsches Wort nicht auf Anhieb einfällt.

Die Art und Weise, wie er erzogen wurde, bescheiden und zurückhaltend, seine moralischen Vorstellungen, seine Einstellung zur Arbeit - "typisch deutsch". So, wie es sich gehört, mit "Mister President", spricht er Bill Clinton an. Seit sieben Jahren trainiert er die Clintons. Ganz genau verfolgte er am Fernseher die Auftritte von Bill und Hillary Clinton während der kräftezehrenden Kampagne der demokratischen Präsidentschaftskandidatur;

gestresst sehen die beiden aus, ausgelaugt, sie haben an Gewicht zugelegt. Als die Clintons damals nach ihrem Auszug aus dem Weißen Haus - 2001 war das - im Großraum New York auf Herbergssuche waren, trafen Hennigs zufällig an einem Tag auf den Konvoi. "Ich sagte noch im Spaß zu meiner Frau, dass das schon was wäre, den Präsidenten zu trainieren." Nach Chappaqua, 20 Minuten entfernt von Bedford, zogen die Clintons schließlich; sie ließen sich ein Heimstudio einrichten - und brauchten jemanden, der ihnen zeigte, wie man mit den Geräten richtig umgeht. Ein Geschäftsfreund empfahl ausgerechnet ihn, Hennig, für diesen Job - "und nach zwei Wochen kam tatsächlich der Anruf".

Niemand bereitet einen auf ein solches Gespräch vor. Also habe er sich so seine Gedanken gemacht. Er ist auf Bill Clinton zugegangen, hat ihm die Hand geschüttelt und gesagt: "Mister President, I'm here to change your life for the better." So recht wusste der Ex-Präsident wohl nicht, wie er darauf reagieren sollte, dass dieser großgewachsene, blonde Deutsche sein Leben zum Besseren verändern wollte - "er holte erst mal seine Frau". Dabei wollte Hennig tatsächlich genau das: nicht nur die Maschinen vorführen, sondern den ungesunden, unausgewogenen Lebenswandel des Politikerpaares verbessern.

Seine "Philosophie" nennt Hennig das Programm mit dem Performance-Ball, das er entwickelt und über das er ein Buch geschrieben hat, "Four Way Burn". Die Botschaft ist klar: Die 40 Übungen, bei denen eine Art kleiner Medizinball eingesetzt wird, machen Körper und Geist stark, flexibel, agil. Simpel, ja, aber effektiv. Bill Clinton ist einer, der es wissen muss, drei- bis viermal in der Woche hat er seinen persönlichen Trainer Hennig bis zum Beginn der Wahlkampagne im Herbst 2007 einbestellt. "In der ersten Stunde habe ich gelernt, dass ich trotz jahrelangem Jogging, Golfspielen und anderen sportlichen Aktivitäten schwach, steif und nicht im Gleichgewicht war", hat er im Vorwort zu Hennigs Buch geschrieben. Also doch, dieser Deutsche hat sein Leben verändert.

John, der Reiseführer, möchte, dass die Passagiere dieses Bild auf sich wirken lassen. Und schweigt. Zum ersten Mal seit knapp zwei Stunden. Die Sonne geht unter, der Himmel ist abendrot angemalt. Noch ist Manhattan, die Insel an der Mündung des Hudson River, weit entfernt. Nichts zu hören von den schrillen Polizeisirenen, den hupenden Autos im dichten Feierabendverkehr. Stattdessen kreischen die Möwen und die Luft riecht salzig. Mit jeder Seemeile ändert sich die Perspektive, rückt die Stadt ein bisschen näher ins Bewusstsein.

Und, die Antwort? Ralf Hennig will gar keine Antwort hören - er kennt sie. "Du musst ein Ziel im Leben haben, das treibt dich voran, in New York ganz genauso wie in Frankfurt."

hamburger mit käse oder handkäs mit musik?

Mit meinen Kindern bestimmt nur Hamburger mit Käse und Pommes frites mit Ketchup (keine Mayonnaise, bitte). Zu Hause in der Frankfurter Gegend schon mal Handkäs mit Musik und natürlich ein Bierchen dazu. Auch mit meiner Schwiegermutter, die aus Deutschland stammt, kann ich das essen. Und dann auch nur, wenn ich mich alleine zurückziehe und am nächsten Tag alles wieder ausschwitzen kann mit einem Dauerlauf - das geht nämlich durch die Poren.

coffee to go oder gemütliches kaffeekränzchen?

Das Kaffeekränzchen vermisse ich sehr, durch dieses hektische Leben hier in Amerika, speziell als New Yorker, kann man es sich überhaupt nicht vorstellen, am Nachmittag mal ganz in Ruhe ein Kaffeekränzchen zu halten. In diesem Sinne: Coffee to go. Morgens aber doch einen frischen und starken Kaffee in der Ruhe, bevor die Kinder anfangen zu schreien (oder umgekehrt).

bahn oder taxi?

Wenn die Zeit ist, Bahn, da man wirklich die Vielfalt der Menschen erst in der Bahn erkennt. Taxi ist auch ein Teil der New Yorker Kultur, schnell, schnell, schnell.

zur entspannung raus aufs land oder rein ins gewimmel?

Kein Wunder, dass die New Yorker keine Toleranz haben, oberflächlich vielleicht, aber nach einem etwas tieferen Kratzen gibt es auch Rassismus in New York. Die Entspannung und Toleranz kommt, wenn man raus auf Land geht. Das Gewimmel ist nur zumutbar, wenn man ganz genau weiß, wohin, und mit einem angenehmen Bekannten.

wolkenkratzer oder fachwerkhäuser?

Nach dem 11. September ganz bestimmt nur Fachwerkhäuser. Und wenn's dann wirklich ein Wolkenkratzer sein muss, dann nur mit einem Fallschirm zum Vorbeugen.

heimweh oder fernweh?

Das Gras ist immer grüner auf der anderen Seite. Ich bin viel gereist; wo immer ich war, wollte ich kurz danach woanders sein. Von dem Meer zu den Bergen und umgekehrt. Das beste ist, beides zu haben.

die cosbys oder die hesselbachs?

Interessiert mich beides nicht.

museumsufer oder museum of modern art?

Museumsufer, da das Wasser eine beruhigende Stimmung hervorbringt. Ein großer Teil unserer Existenz ist Wasser, wir Menschen fühlen uns wohl.

anstoßen mit einem glas ebbelwei oder einem manhattan?

Zum Durschtlöschen Ebbelwei, als Cocktail und zum zivilisierten Ausgehen ein Manhattan.

frankfurt oder new york?

New York ist, wo meine Kinder zu Hause sind und ich lebe. In Frankfurt sind meine Wurzeln und umso älter ich werde, umso mehr habe ich Heimweh.

unter uns: Auf dem Hudson River in Richtung Norden zu fahren ist faszinierend. Vorbei an hohen Felsen, die Umgebung wird immer ländlicher, ruhiger, natürlicher.

robert gerstner und karl bradl – mehr sein als schein

An ihre Haut lässt J.Lo nur Wasser und das Meersalz-Peeling von "Aedes". Die beiden New Yorker Parfümeure wissen, was Frauen sich wünschen, ganz gleich ob Star oder Stammkundin.

Jede Stadt hat ihre Gerüche. Gerüche, bei denen man, wenn man sie später irgendwo riecht, alles ganz genau vor sich sieht: jene verwunschene Ecke im Park, jenen heruntergekommenen Treppenaufgang in der U-Bahnstation, jener viel zu kleine Bäckerladen. Gerüche, bei denen man die Augen zumachen und sie sich vorstellen kann. Auf einen Schlag ist alles wieder da.

Karl Bradl und Robert Gerstner führen in Greenwich Village eine Parfümerie. Nun ließe sich vortrefflich philosophieren über den "Duft der großen weiten Welt". Aber mit diesem Duft ist es nicht allzu weit her in New York. Denn diese Stadt stinkt. Stinkt nach modrigem Dampf, der aus den Gullydeckeln wabert. Nach roten, fettglänzenden Hotdogs, die auf den Grills rollender Blechkarren gebraten werden. Nach klebriger Süße von Nüssen, die Männer mit Bauchläden verkaufen. Nach Staub in den dunklen Schächten der Subway.

Westlich der Fifth Avenue, weit weg vom aufdringlichen Großstadtleben, liegt Greenwich Village. Der ungelenke Verlauf der Straßen fügt sich nicht in New Yorks strenges Schachbrettmuster. Hier ist der New Yorker Mensch, hier darf er es sein. Das Village ist durchaus bürgerlich geworden, aber seinen anarchischen Stil hat es sich bewahrt, ist Enklave für Andersdenkende, Künstler, für die Bohème. Im Massage-Center warten Chinesen auf Kundschaft, zehn Minuten zehn Dollar. Im Schaufenster des Zoogeschäfts nebenan haben sich vier Pudel in Holzwolle eingekuschelt. Die Straße runter, am Village Cigars vorbei, stapeln sich Dildos im Schaufenster, Handschellen, rote Lack- und schwarze Lederunterwäsche.

GAR
DE
NIA

DE VENUSTAS
Perfumery

In der legendären Christopher Street befindet sich die Parfümerie von Robert Gerstner und Karl Bradl. Manhattan ist fern, Europa so nah. Im Boudoir, wo sich die vornehmen französischen Damen dereinst mit Vorliebe aufhielten, treffen sich 200 Jahre später die schicken New Yorkerinnen. Voilà, bienvenue à "Aedes de Venustas". Ein kleiner, feiner Salon für die Stunden zwischen Tag und Traum, zwischen Wirklichkeit und Wunsch, Sein und Sinn. Ein bisschen Pomp, ein wenig Plüsch, der dunkelrote Teppich ist dick und weich. Von der Decke verbreitet ein üppig verzierter Lüster gedämpftes Licht. In der Ecke steht ein Sessel mit Polster in Tiger-Dekor - für schöne Dinge braucht man Zeit, muss man verweilen, gucken, staunen, bewundern. Töpfchen und Fläschchen, Tiegelchen und Flakons reihen sich auf den Regalen aneinander. Und wie es duftet: schwer, füllig, kostbar, edel, extravagant.

Robert Gerstner ist groß, schlank, blond, charmant, sympathisch. Er ist der Typ Mensch, der andere schnell für sich einnehmen kann. Einer, der hart arbeitet, aber nicht dauernd darüber reden muss; der nicht träumt, sondern hellwach ist; der nicht nach begrenzten Unmöglichkeiten sucht, sondern unendliche Möglichkeiten sieht. Wunderbar habe er es gehabt daheim, erzählt er. In Bayern war das, sein Dialekt verrät ihn schon nach wenigen Sätzen. Jung, Speditionskaufmann in einem Textilunternehmen, schöne, beschauliche Welt. "Aber mir war klar: Da muss mehr machbar sein." Bis schließlich sein Chef zwei Stellen neu zu besetzen hatte: eine in Neuss, die andere in New York. Natürlich fiel Gerstners Wahl auf New York. "Ich wollte doch nicht auf halber Strecke stehen bleiben." Im September 1992 zog er mit seinem Lebenspartner Karl Bradl nach New York. Dann ging die Firma, für die sie beide tätig waren, den Bach runter. Nach Deutschland zurückzukehren kam nicht infrage. Aufgeben ist nicht ihr Ding.

"Everything falls into place", lautet ein amerikanisches Sprichwort. Frei übersetzt heißt das: Alles schüttelt sich, fügt sich zusammen, eins zum anderen.

Zufällig lernen Bradl und Gerstner den Besitzer eines neuen Trend-Kaufhauses am West-Broadway kennen. Er ist Frankfurter, und er bietet ihnen an, eine Verkaufstheke mit Kosmetika einzurichten. Das DOM im West-Village soll eine Frankfurter Zweigstelle in New York werden, ein Mainhattan-Manhattan-Projekt. Um die Ware sollte sich das Paar selbst kümmern. "Der Karl ist losgezogen und hat sich umgeschaut." Bradl, von Haus aus Banker, der Ruhigere, vielleicht Besonnenere der beiden, sondiert sorgfältig den Markt von Manhattan, wägt Chancen und Risiken dieses Unternehmens ab. Die beiden entscheiden sich für französische Nobelmarken, Diptyque, L'Artisan Parfumeur, die sie tatsächlich als Lieferanten für sich gewinnen können. Doch als schließlich ihr exquisites Sortiment steht, hat der Kaufhauseigner andere Pläne.
"Wo eine Tür zugeht, geht eine andere auf", sagt Robert Gerstner, der Optimist. Bei einem Spaziergang an einem eiskalten Januar-Abend durch Greenwich entdecken die beiden zufällig einen winzigen, leer stehenden Laden, Souterrain, sieben Stufen. Am 15. März 1995 eröffnen hier Robert Gerstner und Karl Bradl ihre Parfümerie. "Unser letztes Geld haben wir in diesen Laden gesteckt", sagt Robert Gerstner. Bradl steht hinter dem Tresen, Gerstner unterstützt ihn zunächst nur nach Feierabend und am Wochenende. Seinen neuen Job, wieder bei einer Speditionsfirma, behält er lieber noch eine Weile. Sicher ist sicher und das Leben in New York teuer.

Längst ist zum unverwechselbaren Markenzeichen von "Aedes" geworden, was sich Karl Bradl ausgedacht hatte, um das Geschäft in der Anfangszeit anzukurbeln: das Innerste eines jeden Dufts nach außen zu kehren. Mandeln, Muskat, Jasmin, Apfel, Pfirsich, Orange - mit allen Sinnen sollen die Kunden die Produkte von "Aedes" erleben. Mit Blumen und Früchten, die Karl Woche für Woche auf dem New York Flower Market zusammenträgt, schmückt er kunstvoll und üppig die Schachteln und Kästchen. Einfache Ideen können so genial sein.

Mit einer kleinen Box in der Hand marschierte Karl Bradl in das CondeNast Building, in dem die "Vogue" sitzt, und bat den Concierge, ihn bei der Beauty-Redakteurin zu melden. Karl Bradl stellte sich vor, die Dame war betört und verfasste für die nächste Ausgabe einen kleinen Bericht.

Noch im Juni wussten die beiden Männer nicht, wie sie die Miete für den Laden zahlen sollten und Ende des Jahres kauften die Stars bei ihnen ein: Topmodel Naomi Campbell fuhr in der Christopher Street vor, um die Weihnachtsbestellungen für ihre Freunde aufzugeben. "Ich habe nur zu Karl gesagt: Das musst du machen", erinnert sich Robert Gerstner, zu aufgeregt sei er gewesen, um Kartons zu falten und kunstvolle Schleifen zu knüpfen, während die Campbell vor ihm am Tresen stand. Aber er ahnte: Daraus lässt sich was machen. Der erste Katalog, den die beiden Deutschen herausbringen - "Laser-Drucker, ge-

faltet, gelocht, beduftet" in etlichen Mitternachtssitzungen - landet in der "Vogue"-Hitliste ganz oben. Die "German Guys" treffen den Nerv der New Yorker: die Bewunderung für alles Europäische, für Geschichte, für Geschmack und Stil.

Im September 2002 gelingt Robert Gerstner und Karl Bradl endgültig der Aufstieg: Sie ziehen aus dem Souterrain ein paar Häuser weiter in der Christopher Street in einen etwas größeren Laden. "Bei uns ist alles deutsch-perfekt durchorganisiert", sagt Robert Gerstner. "Aedes" hat einen hervorragenden Ruf, der Kundenservice ist top. "Wir machen das Gegenteil von dem, was alle anderen machen." Will heißen: Termine werden penibel eingehalten, Extrawünsche erfüllt. 50 bis 60 Pakete schickt "Aedes" pro Tag auf die Reise rund um die Welt. "Wir fangen jeden Tag bei null an, jeder muss alles machen und alles können." Auch wenn "Aedes" inzwischen etabliert ist und in jedem neuen Jahr Zuwachs verzeichnet. Das macht die beiden Männer stolz, keine Frage. Aber ganz sicher nicht überheblich.

Karl Bradl verschlägt es mit schöner Regelmäßigkeit nach Frankfurt - immer dann, wenn sein Visum verlängert werden muss. In Frankfurt ist das größte amerikanische Konsulat und eine der größten diplomatischen Vertretungen weltweit. Termine im Frankfurter Konsulat sind gefürchtet: Die Schlangen sind lang, schon in aller Herrgottsfrühe stehen die Menschen an, die Sicherheitsvorkehrungen sind hoch, die Gespräche anstrengend. Derzeit lebt Karl Bradl mit einem Investorenvisum in New York. Das, was er den Herrschaften im Amerikanischen Generalkonsulat an der Gießener Straße im Stadtteil Preungesheim vorlegen konnte, beeindruckte sie. Als er jüngst in Frankfurt war, hat der Unternehmer ein Upgrade bekommen von zwei auf fünf Jahre, "weil man sich im Konsulat noch an mich erinnern konnte von der vorherigen Visa-Ausgabe und weil unser Laden, unser Katalog und die Presse, die wir bekommen, so toll waren". Karl Bradl und Robert Gerstner haben auch die Frankfurter Konsulatsmitarbeiter angesteckt mit ihrer Begeisterung. Jetzt bemüht sich Karl Bradl um eine Greencard für Leute mit außergewöhnlichen Begabungen, die für die Interessen der USA von Bedeutung sind.

Deutschland, wo er mehrmals im Jahr zu Familienbesuch hingeht, "ist zu klein für mich", sagt Robert Gerstner. Er besitzt die doppelte Staatsbürgerschaft. "Wenn ich die amerikanische Staatsbürgerschaft nicht will, wenn ich nur Gast sein will, muss ich zu Hause bleiben." Ganz oder gar nicht - "also ganz". Er kann förmlich die Energie dieser Stadt spüren. Dann beispielsweise, wenn er zum Laden läuft von seiner Wohnung im Meat-Packing-District, das in seiner eigenartigen Symbiose aus Fleischver-

wertern und Nachtclubs in den 80er und 90er Jahren zum mittlerweile hippen Luxusviertel avancierte. "Das ist wie eine Steckdose, an der ich mich auflade." Gerstner hat auch eine Erklärung für New Yorks Energieüberschuss: Manhattan ist eine Insel, da sammelt und staut sich alles an.

"Es gibt so viel zu tun, das sprudelt nur so", sagt Robert Gerstner. Eines der Lieblingsprojekte von Karl Bradl und Robert Gerstner ist die Kreation eines eigenen "Aedes"-Parfums. In Grasse, dem französischen Zentrum der Parfümeure, haben sie gelernt, zu riechen. Ihren Duft haben sie gefunden: Leder, Moschus, Holz, Strohblumen, eingefangen in einem burgunderfarbenen Flakon. Nichts, wonach jeder riecht. Kein Allerweltsduft.

Ein unverwechselbarer Geruch. Genau wie der von New York. So typisch für diese Stadt. Eigenwillig und eigenartig. Leicht und schwer zugleich, betörend, betäubend, stark und schwach, angenehm, abstoßend. Vielleicht, ja, vielleicht gehört sich das so, vielleicht ist genau das der Duft der weiten Welt?

Frankfurt, übrigens, duftet frisch, fruchtig, frech. "Zero Sixty Nine" – 069 wie die Vorwahl der Stadt – nennt der Parfümeur Frank Albrecht seine Hommage an Frankfurt, eine Komposition aus Zitrone, Veilchen, Sandelholz.

hamburger mit käse oder handkäs mit musik?
Handkäs ohne Musik.

coffee to go oder gemütliches kaffeekränzchen?
Kaffeekränzchen.

bahn oder taxi?
Meistens zu Fuß, ansonsten selbstverständlich Taxi.

zur entspannung raus aufs land oder rein ins gewimmel?
Lebe eh im Gewimmel, Strand natürlich.

wolkenkratzer oder fachwerkhäuser?
Wolkenkratzer.

heimweh oder fernweh?
Wenn außerhalb Manhattans, dann immer Heimweh.

die cosbys oder die hesselbachs?
Kein TV.

museumsufer oder museum of modern art?
MoMa.

anstoßen mit einem glas ebbelwei oder einem manhattan?
Ebbelwei.

frankfurt oder new york?
Keine Frage: New York.

unter uns: Sommer, Sonne, Strand und Meer: Nur eine Stunde entfernt auf Long Island liegt Fire Island, einer der schönsten Beaches.

GAY ST
CHRISTOPHER ST
14
8-8:30 AM
TUES
&
FRI
ONE WAY

tami newton – die fabelhafte welt der tami

Sie ist weiblich, sie ist ledig, sie ist jung und schön, und sie sucht nach Mr. Right, privat und beruflich. Das Frankfurter Model schreibt Bücher, in denen es Traummänner von der Stange gibt.

Wir suchen für Tami Newton nach Mr. Right. Sie wissen schon, dem einzigen, einzigartigen Mann. Er soll groß sein und athletisch. Starke Hände haben, richtige Männerhände eben. Gebogene Augenbrauen findet Tami schrecklich. Überhaupt muss der Mann, nach dem wir suchen, nicht unbedingt gut aussehen. Nicht, dass wir uns falsch verstehen, er darf natürlich gut aussehen. Aber wir suchen nach dem richtigen, nicht nach dem perfekten Mann - hier kommt es auf Nuancen an. In erster Linie muss er etwas Faszinierendes an sich haben, Charakter haben. Können Sie folgen? Also ganz allgemein gesprochen: ein Typ wie Sean Connery. Oder Steve McQueen.

Wie Tami ausschaut? Na, wie Naomi Campbell. Das jedenfalls hatten ihr die Menschen um sie herum gesagt, damals, als sie ein Teenie war ("Schreiben Sie, dass ich alterslos bin", sagt sie, also schreiben wir das an dieser Stelle.) So beschrieb sie sich auch, als sie eines Tages einen Anruf von einem Designer bekam, Douglas Says. Er hatte über zig Ecken erfahren, dass sie gern modeln würde. Als sie sich bei ihm vorstellte – vorsichtig ausgedrückt: Er war schockiert. Noch schockierter war er, als sie anfing, für die Kamera zu posieren. "Diese Geschichte erzählt Douglas immer wieder gern, und wir lachen sehr darüber", sagt sie. Douglas Says und sie sind die besten Freunde geworden, von ihm hat sie gelernt, wie ein Model geht, steht, läuft; heute inspirieren sie sich gegenseitig.

Sie sei eine "Southern Belle", sagt Tami Newton, und ja, sie ist bildhübsch, charmant, witzig, intelligent und hat Stil, und nein, sie ist nicht überkandi-

delt, hochnäsig und affektiert. Im Süden der USA ist sie auf die Welt gekommen, wo genau, das mag sie nicht verraten, weil es ihr spezieller Platz ist, um den nur sie weiß und den sie sich bewahren möchte. Immer schon ist die Familie Newton – und wir reden hier von einer großen, weitverzweigten Familie, deren Stammbaum Tami zurückverfolgen kann bis um 1800 und der die Zusammengehörigkeit sehr, sehr wichtig ist – im Süden ebenso zu Hause gewesen wie an der Ostküste. In New York, an der Upper West Side, ist Tami Newton aufgewachsen, im Süden wiederum zur Schule gegangen – und umgekehrt. Während sie studierte, Journalismus und Werbung, jobbte sie, um möglichst bald auf eigenen Füßen stehen zu können - beim Pizza-Lieferservice, im Einkaufszentrum (wo sie, und das war schließlich nicht zu verachten,

Rabatt auf die Klamotten bekam) und drehte Menschen am Telefon Zeitschriften an. Außerdem wollte sie immer schon gern reisen, und als sie 500 Dollar zusammengespart hatte, stieg sie ins Flugzeug nach Paris.

Eins kam zum anderen: Weil sie gern reisen wollte, musste Tami Newton modeln, um Geld zu verdienen; und um zu modeln, musste sie reisen. Die erste Zeit sei wahnsinnig hart gewesen. Wenn sie sich im Fernsehen die Shows anschaut, in denen Topmodels gesucht werden, kann sie nicht fassen, wie unglaublich gut es diese Mädchen haben. "Sie ahnen ja nicht mal, was es heißt, Probleme zu haben." Da wäre zunächst mal das Problem des knappen Geldes. Für einen Cheeseburger und eine Cola am Tag habe ihr Budget anfangs gerade so gereicht. Wenn es ein wirklich guter Tag war und sie mal so richtig auf den Putz hauen wollte, gönnte sie sich noch eine Apfeltasche.

Hunderte, ach was, Tausende Geschichten könnte sie erzählen. Diese zum Beispiel: Wie sie an einer Telefonzelle Schlange stand, um nach Hause zu telefonieren, und von einem Franzosen angesprochen wurde. Eigentlich hatte sie überhaupt keine Lust auf ein Date, doch als der Mann sie zum Essen einlud - kurz gecheckt: sieht vertrauenswürdig und seriös aus - ging sie mit. "Ganz Franzose, wollte er mir das tolle Essen erklären, den besonderen Fisch, aber ich war so ausgehungert, dass ich einfach alles in mich hineinschlingen musste."

Tami Newton ist zäh und ehrgeizig, vielleicht auch ein bisschen verrückt. Wenn sie etwas erreichen will, hängt sie sich entsprechend rein. "Casting Crashing" nennt sie das, was sie in ihrer Anfangszeit getan hat. In Paris bei Christian Dior beispielsweise, das Haus suchte nach einem "farbigen Model", womit, wie sich später herausstellte, eine Weiße mit gebräunter Haut gemeint war. Tami Newton ist jedenfalls zum Casting gegangen, ohne

beeindruckende Fotomappe, ohne Arbeitserlaubnis, dafür aber mit einer gehörigen Portion Selbstvertrauen. "Im Vorbeigehen gab mir eine übel gelaunte Frau das kleinste, engste Shirt, dass sie dahatte." Offenbar in der Hoffnung, dass es ihr nicht passen würde, tat es aber doch, dank ihrer unfreiwilligen Burger-Diät. "Es saß wie angegossen, und ich bekam den Job trotzdem nicht." Eine Sache, die ein Model schnell lernen muss: "Es geht nie um einen persönlich, man entspricht an diesem Tag einfach nicht den Vorstellungen." Noch eine Regel hat sie stets beherzigt: Sie hat immer ein Rückflug-Ticket in der Handtasche, und wenn das Geld noch so knapp ist. Einen Weg nach Hause gibt es für sie immer.

Tami Newton setzte sich durch, bekam mehr und mehr Jobs, Foto-Shootings, Laufstegauftritte, gestern Paris, morgen New York, übermorgen Holland, Deutschland, Italien, Südafrika, zwischendurch wieder New York und Paris - und schließlich Frankfurt. In Frankfurt lebt sie seit 2002, zunächst wohnte sie für ein paar Wochen in Sachsenhausen, bis sie in Bornheim ein kleines, zu kleines Apartment fand. Frankfurt ist ihr zur zweiten Heimat geworden. "Aber so lange ich mir nicht ganz sicher bin, dass ich hier auch bleiben möchte, werde ich mir nichts Größeres suchen, keine Verantwortung übernehmen." 365 Tage im Jahr Frankfurt, um Himmels Willen, das könne sie sich überhaupt nicht vorstellen. Tami Newton braucht die Reisen, die Veränderung. Die Neugierde treibt sie raus in die Welt. Als ihre "Goldmine", bezeichnet sie New York. Dort bekommt sie ihre kreative Energie her, dort kann sie Kraft tanken, sich aufladen.

Sie geht gern ins Village; aber auch nach Harlem, dorthin, wo sie sich als Teenager am liebsten mit ihren Freunden traf, 125th Street. So wie früher sei es nicht mehr, sagt sie, als Inder, Afrikaner, Pakistani, Jamaikaner, Latinos - alle möglichen Kulturen aufeinandertrafen, ihre Waren anboten, Handtaschen, Armreife, Koffer, um jeden Dollar feilschten oder auf dem Rost Spezialitäten schmurgelten. "Die Atmosphäre ist einzigartig, wir haben jeden Tag dort herumgehangen." Das

"Heart of Harlem", das Herz des Viertels, ist mit den Jahren ein wenig aus dem Rhythmus gekommen. Bevor es schick wurde, sich in Harlem aufzuhalten, sei es noch ein bisschen schöner gewesen als heute, sagt Tami Newton, ursprünglicher und traditioneller, dafür nicht ganz so adrett, sauber und ordentlich.

Stundenlang könne sie im Café sitzen und nichts tun außer reden, so wie heute, im "Central Park West" auf der Frankfurter Fressgass. Die Sonne scheint und die Tischchen draußen, unter den gewaltigen Sonnenschirmen, sind heiß begehrt. Noch ist es Vormittag, vorwiegend ältere Herrschaften sitzen bei einer Tasse Milchkaffee – nebenan, im Starbucks, heißt das Latte macchiato oder Cappuccino – und blättern in der Zeitung, unterhalten sich über die 32.000-Euro-Frage von Günther Jauchs Millionen-Quiz oder schweigen sich an. Kaum geht es auf 12 Uhr zu, wird es voller und enger, Männer in dunklen

Anzügen, gedeckten Krawatten und weißen Hemden und Frauen in gediegenen Kostümen, blau oder grau, hetzen über die Fressgass, stellen sich an für einen gemischten Salat oder ein Leberkäsbrötchen, treffen sich zu Spaghetti Pomodoro und einem gekühlten Glas Weißwein in einem der vielen Restaurants, die der Grund dafür sind, dass die Fressgass Fressgass heißt.

Reden wir über Frankfurt. Tami Newton, die, nebenbei bemerkt, hinreißend aussieht in ihrem giftgrünen Neckholder-Kleid, das eine fabelhafte Taille macht, windet sich. Also sie mag die Berger Straße sehr gern für die kleinen Einkäufe, weil es da entspannter zugeht als in der Innenstadt. Sie liebt den Römer, überhaupt diese alte europäische Architektur. Und Kopfsteinpflaster findet sie ganz, ganz toll. Aha, sehr interessant. Und aus modischer Sicht betrachtet? Also Frankfurt im Vergleich zu New York, Zeil contra Times Square, Goethestraße contra Fifth Avenue, Kaufhof contra Saks?

Jetzt mal ehrlich. "Okay", sagt Tami, "New York hat seinen eigenen Stil, sehr individuell, nicht so uniformiert." In Frankfurt spüre sie keine modische Inspiration. Dabei geht es ihr nicht ums Geld. "Natürlich kaufe ich auch billige Sachen oder von der Stange. Aber was ich kaufe, muss sagen: 'Tami'." Das tut es in Frankfurt ganz schön selten.

Das Gespür für Mode hat Tami Newton wohl von ihrer Mutter geerbt, die recht gern, aber auch aus einer gewissen Not heraus, nähte. Tamis Prom-Dress, das Kleid zum Abschlussball, beispielsweise, als sie sich in der Scarlett-O'Hara-Phase befand, sprich: sehr viel Stoff, sehr viel Tüll – aus heutiger Sicht ein modischer Albtraum. "Ich habe mir keine eigenen Klamotten genäht, ich habe das, was ich hatte, umgestaltet, damit experimentiert." Sie liebe alles, was einzigartig ist, anders.

Was ihr in Frankfurt besonders fehle, das sei die Spontaneität, der Mut, Dinge auszuprobieren, ohne vorher zu prüfen und abzuwägen. Manchmal habe sie regelrecht Angst, eine Idee zu äußern und doch nur wieder gebremst zu werden. Oder einer wildfremden Frau hinter ihr an der Kasse zu sagen, wie gut ihr deren Tasche gefällt – und misstrauisch für dieses Kompliment beäugt zu werden. New York erfinde sich permanent neu, der Name der Bar, die heute angesagt ist, fällt zwei Monate später niemandem mehr ein. "Als ich frisch in Frankfurt war, bin ich viel ausgegangen. Längst habe ich aber das Gefühl, ich kenne alles, habe alles schon mal gesehen."

Frankfurt – New York, New York – Frankfurt, "der perfekte Zustand für mich ist, Zeit hier und da zu verbringen", sagt Tami Newton. In ihrem zweiten Buch, an dem sie gerade schreibt, verarbeitet sie diese Thematik: Dori, Jesi und Irene, die drei New Yorker Freundinnen, die im ersten Band, "Männer nach Maß" ihren Traummann in der Boutique "LeChic" ordern wollen, werden sich wohl aufmachen nach Europa, vielleicht sogar nach Frankfurt, mal sehen, wie sich die Sache entwickelt.

Geschrieben hat Tami Newton immer schon gern. "Total verrückte Sachen, als Kind kleine Geschichten, die ich meiner Mutter schenkte und die wohl nur eine Mutter gut finden konnte." An den Tagen um den 11. September 2001 war sie in New York, wollte bei der Fashion Week mitarbeiten. Jäh wurden sie von den Terroranschlägen auf das World Trade Center unterbrochen. "Ich habe fast den kompletten 10. September im WTC zugebracht, ein Meeting nach dem anderen." Nach der Zerstörung der Zwillingstürme hat Tami Newton nicht fassen können, was gewesen wäre, wenn ... "Sicher, ich war immer noch ein glücklicher, fröhlicher Mensch – und doch anders."

Es sei ihr klar gewesen, dass sich etwas ändern müsse in ihrem Leben. "Ich habe meinen Kopf, also will ich ihn benutzen." Und zwar zum Schreiben.

Mittlerweile nimmt sie nur noch wenige Model-Aufträge an, konzentriert sich umso mehr auf ihre Bücher. Keine Frage, das Modeln hat ihr immer großen Spaß gemacht. "Ich liebe es, zur richtigen Musik über den Laufsteg zu gehen." Aber nun sei die Zeit für etwas anderes in ihrem Leben gekommen, und so schleppt sie Manuskript-Seiten mit sich herum und macht sich Notizen, wann immer und wo immer sie Zeit dafür findet. Einen Traumjob, wie viele meinen, hat sie beinahe aufgegeben. Dafür aber einen anderen gefunden. Perfekt, oder?

Apropos: Wenn Sie, Mr. Right, sich angesprochen fühlen von Tamis Wunschzettel, bitte zögern Sie nicht und melden Sie sich.

hamburger mit käse oder handkäs mit musik?
Hamburger mit Käse.

coffee to go oder gemütliches kaffeekränzchen?
Coffee to go.

bahn oder taxi?
Bahn/Taxi.

zur entspannung raus aufs land oder rein ins gewimmel?
Rein ins Gewimmel.

wolkenkratzer oder fachwerkhäuser?
Wolkenkratzer.

heimweh oder fernweh?
Fernweh.

die cosbys oder die hesselbachs?
Die Cosbys.

museumsufer oder museum of modern art?
Museum of Modern Art.

anstoßen mit einem glas ebbelwei oder einem manhattan?
Mit einem Manhattan.

frankfurt oder new york?
New York.

unter uns: "Hunk" ist der englische Begriff für einen blendend aussehenden Mann. Und davon gibt es viele am "The West 4th Street Courts" in Greenwich Village. Im "The Cage", im Käfig, spielen und schwitzen die Amateur-Basketballer.

APOLLO
APOLLO
Don't pass by without visiting...
The Apollo Store
in our lobby
Take home more than memories.
Don't pass by without visiting...
The Apollo Store
in our lobby
Take home more than memories.
RIPCO
RETAIL

Henninger
Kaiser-Pilsner
Imbiß
Henninger
Kaiser-Pilsner

maggy scott – sexy in der city

Wenn die Frankfurterin auf ihrer B3 spielt, gibt es nur sie und die Musik. Sie entlockt der Orgel Töne, die ganz und gar nichts mit biederer Kirchenmusik zu tun haben.

Wie New York klingt? Leichte Übung. Maggy Scott muss nicht lange überlegen, sie legt einfach los. Dynamisch, temperamentvoll, energiegeladen. Spielen auf ihrer Hammond B3 und gleichzeitig großartige Erklärungen abgeben geht allerdings gar nicht, kurze Pause also. Laut und leise, explosiv, intensiv, hören Sie das?

Und Frankfurt? Sie überlegt. Frankfurt, Frankfurt: wenig Bauch, viel Kopf, Angst vor Risiken, Angst, sich gehen zu lassen. Was würde mir da jetzt einfallen, murmelt sie, steht auf von ihrer glänzenden kleinen Holzbank, wühlt im Regal nach Notenblättern, eh klar, dass sie nichts finden wird, sie weiß ja gar nicht,

wonach sie sucht. Also setzt sie sich gleich wieder, Frankfurt, na gut. Sie spielt. Sauber, abgehoben, dermaßen intellektuell, dass der Zuhörer das Stück nicht verstehen muss, wenn er es nicht verstehen kann. Ja, so klingt Frankfurt.

Fast ist das ein bisschen unangenehm, der Musikerin beim Spielen ganz nah zu sein. So, als wäre man in diese unsichtbare Zone eingedrungen, die jeden Menschen umgibt wie ein Schutzschild, sagen wir, ein Händeschütteln entfernt. Musik machen ist etwas ganz schön Intimes. Maggy Scott hält die Augen fest geschlossen, wenn sie spielt, die schwarzen fransigen Haare fallen ihr ins Gesicht, sie nickt rhythmisch mit dem Kopf, die Lippen hat sie zusammengekniffen. Sie summt und brummt und macht kehlige Laute, sodass ihr Hals sich langsam rot verfärbt. Diese Geräusche, herrje, hat sie ver-

gessen, dass sie nicht allein ist? Konzentration auf die Hände also. Die Ärmel ihrer Jeansbluse hat sie hochgekrempelt, Ring und Uhr abgelegt, ihre Nägel sind ganz kurz geschnitten. Ihre Finger fegen über die beiden Manuale, sie zieht an den Riegeln, der Rotor im Leslie, dem hölzernen Lautsprecher-Kabinett, kreist und kreist, scheint kaum nachzukommen. "The Cat" heißt das Stück, ihr ganzer Oberkörper geht mittlerweile mit, das Summen und Brummen wird intensiver, sie atmet, stöhnt im Takt. Wohin schauen, auf die Füße am besten, die in weichen, weißen, ledernen Schuhen stecken. Ihre Füße laufen, ach was, spurten über die Bass-Pedale, eine ganz und gar ungewöhnliche Technik, die sie perfektioniert hat. Sieht elegant aus, reizend irgendwie. Wow, wussten Sie das? Jazzmusik ist – darf man das sagen? – ziemlich sexy.

Hammond-Orgel und sexy? "Also ein einfaches Instrument ist die Hammond-Orgel sicher nicht", sagt Maggy Scott. Gerade in ihren Anfangsjahren, damals, als sie sich zu Hause an die Orgel setzte, an der eigentlich ihr älterer Bruder lernen sollte, da hat sie so ihre Erfahrungen gemacht. Weiblich, jung, hübsch anzusehen – und spielt die B3? Aber was wollte sie machen, "das Instrument sucht sich den Menschen aus", sagt sie. Also spielte sie Orgel, ganz klassisch und kirchlich, Bach und so weiter. Bis sie 1984 auf einem Jazzkonzert war und den Sachsenhäuser Peter Glessing mit seinem Saxofon hörte. "Sein Spiel hat mich unheimlich angesprochen und total umgehauen, ich wusste plötzlich, dass Jazz das ist, wonach ich gesucht habe."

Freiheit nämlich, eine Welt voller Möglichkeiten, Improvisation. "Frankfurt war der Ort, wo ich unbedingt hinwollte." Dem "Frankfurt-Sound" nachspüren. Immerhin schon 1928, kaum war der neue Musikstil aus den USA nach Europa geschwappt, wurde im Hoch'schen Konservatorium Deutschlands erste Jazzklasse eingerichtet; fünf Jahre später allerdings auf Druck der Nationalsozialisten geschlossen. In Frankfurt war der Jazz die Musik der Jungen, die sich auflehnten, rebellierten. Im legendären "Hot Club" Frankfurt fanden sich 1941 Carlo Bohländer, Hans Otto Jung und Emil Mangelsdorff, sie spielten in den Kriegsjahren ihren Jazz als Teil einer Untergrund-Jugendkultur. Im Keller in der Kleinen Bockenheimer, später, in den 50ern, traten die Großen und ganz Großen auf.
Wo also hätte Maggy Scott dem Jazz näher sein können als hier, in Frankfurt. "Peter hat mir viel gezeigt, erklärt, hat mir Platten ausgeliehen, so habe ich mir einen großen Wissensvorsprung erarbeitet, schließlich Stücke selbst entwickelt, Arrangements geschrieben." Ein wenig ein Geheimnis macht sie aus dieser Zeit schon, woher sie genau kommt, mag sie nicht verraten, auch nicht, wie alt sie ist. Maggy, so wurde sie früh gerufen, und den Namen Scott, den hat sie sich angeheiratet, blutjung, der Mann

ging, der Name blieb, später kam ein anderer Mann, mit dem sie eine kleine Tochter hat, "auch er ging, aber hey, das ist doch ganz schön kompliziert", sagt sie und lacht.

Überhaupt ist der Alltag kompliziert. "Mich nervt alles, Bürokram, Hausarbeit, die Telefoniererei." Wenn sie könnte, wie sie wollte, wäre sie nicht nur zwei Stunden täglich im Bunker in der Germaniastraße in Frankfurt-Bornheim. Noch nie hat sie das Üben als Verpflichtung verstanden, immer nur als Vergnügen. Eine ganz schwere Tür und noch eine bunt bemalte Tür muss man öffnen, um in das winzige Studio zu gelangen. Dicke Mauern, kein Fenster, nur grelles Neonlicht, ein Bunker eben. "Ich mag die Atmosphäre, hier kann ich mich ganz auf meine Musik konzentrieren, keiner hört mich, niemand stört mich", sagt sie und spielt noch ein Stückchen von "The Cat", laut, sehr, sehr laut. "Sie kann schon schreien", sagt sie, und: "Geiler Sound, oder?" Apropos, dieses Summen und Stöhnen. Maggy Scott ist

kein Mensch, der leicht rot wird - oder doch? "Ich weiß, ich kann das nicht abstellen, ich tauche so in die Musik ein, dass ich das einfach vergesse", sagt sie und ist ein bisschen verlegen. Training mit der Logopädin, Konzentration - nutzt alles nichts.

Maggy Scott ist ehrgeizig; wenn sie etwas will, schafft sie das auch, eventuell muss sie eben härter arbeiten, mehr arbeiten. Ihr Abitur hat sie am Hessenkolleg gemacht, anschließend Musikwissenschaften und Amerikanistik an der Johann Wolfgang Goethe-Universität studiert, in all der Zeit stets Konzerte gegeben, weil sie ja auch von irgendwas leben musste. Ein Professor habe sie angesprochen, nach New York, da müsse sie hin mit ihrer Begabung. Logisch, wenn Frankfurt so etwas wie die Jazz-Hauptstadt Deutschlands ist, ist New York wohl die Jazz-Hauptstadt der Welt. "Big Apple", dieser Kosename kommt nicht von ungefähr. Die ersten, die New York "Big Apple" nannten, waren die schwarzen Jazzmusiker in den 20er Jahren. In New York aufzutreten war damals Inbegriff des Erfolgs für jeden Jazzspieler. Im "Big Apple" zu spielen hieß, dass man es geschafft hatte, sich den wahrhaft großen Apfel vom Baum zu holen. Maggy Scott bekam ein Stipendium von einer der bedeutendsten Jazzschulen der Welt, der New School of Music. Die Einrichtung war gerade umgezogen, die Schüler durften das Gelände wegen der Bauarbeiten noch nicht betreten. Tagelang ohne Orgelspiel - nicht zum Aushalten. Im Musikzimmer stand die Hammond, und zum Spielen sei sie schließlich in die Stadt gekommen, "also bin ich heimlich rein". Maggy Scott lacht. "Ich musste es einfach tun."
Während sie spielte, seien immer wieder Leute in den Raum gekommen, ohne dass sie das bemerkte, weil sie mit dem Rücken zur Tür saß, und nach den Stücken applaudierten sie plötzlich.
"Als das Gebäude offiziell zugänglich war, fanden in dem Raum die tollsten Sessions statt, alle Neuankömmlinge, ob aus Texas oder Lateinamerika, aus Japan oder Schweden, stiegen immer wieder ein und ich dabei an der Orgel.

Das war echt aufregend und sehr spannend." Da konnte es auch passieren, dass während des Stückes der Schlagzeuger wechselte; so lernte sie auch Jeremy Gaddie kennen. "Plötzlich hörte ich jemand hinter mir sagen: 'I'm gonna fuck you up.' Ich drehte mich nicht um und dachte nur: Das schaffst du nicht, wirst du gleich sehen, wer immer du bist." Dieser Schlagzeuger legte sich mächtig ins Zeug, um Maggy Scott mit polyrhythmischen Akzenten aus dem Takt zu bringen - aber keine Chance. "Alle im Raum tobten, als wir den Titel beendet hatten, ich drehte mich endlich um, lachte, stand von der Orgel auf, da küsste er mir die Hand mit einer tiefen Verbeugung."
Sie will dorthin, wo der Jazz herkommt, nach Harlem. Die Wegbeschreibung ist einfach: "Take the A-Train", oft genug hat Ella Fitzgerald die Strecke besungen, mit dem Expresszug vom östlichen Brooklyn nach Harlem. In ihrem Hotel, dem "17" an der 17th Street in Downtown Manhattan, wo Kult nicht von Komfort kommt, vergewisserte sich Maggy Scott, und die Angestellte war gar nicht happy. Nach Harlem, Gott bewahre, dieses junge Ding, noch keine zwei Tage in der Stadt. Natürlich fuhr sie nach Harlem, "am ganzen Körper habe ich gezittert, als ich im Club ankam, ich war froh, dass ich es hingeschafft hatte". Ein Wahnsinn, sofort habe sie sich zu Hause gefühlt. Und wie sie da so saß, allein an der Bar, dauerte es keine fünf Minuten, bis sie ins Gespräch kam: Woher kommst du? Machst du auch Musik? Welches Instrument? "Mit meiner Orgel war ich plötzlich der große Star, in einigen Clubs standen sogar noch alte B3, manche in heftigem Zustand, Töne fehlten, aber immerhin." Ein paar Fotos, aufgenommen im schummerigen Licht, hat Maggy Scott aus dieser Zeit aufbewahrt, und ein Plakat: "A Rising Star on the legendary Hammond B3 Organ", ganz schnell machte sie sich einen Namen.

Tagsüber intensives Lernen in der Schule, abends jammte sie in den Jazzclubs, freitags flog sie ab JFK nach Frankfurt, um Konzerte zu geben, am Montag - der Zeitverschiebung sei's gedankt -, saß sie wieder auf ihrem Platz in der Klasse. "Ich bin mit keinerlei Erwartungen nach New York, dadurch tat sich so viel für mich auf." Eines Tages, zum Beispiel, stand sie vor der Schule und rauchte, da kam Larry Willis vorbei, der Larry Willis, damals ein Typ in abgerissenen Klamotten, heute ein berühmter Jazzpianist und Komponist, jedenfalls bat er sie um eine Zigarette, natürlich kamen sie ins Gespräch. "Wir sind ins Musikzimmer, 'Maggy, fang an', sagte er zu mir, und wir haben gespielt, es war fantastisch." Das sei Jazz, sagt sie, jemand beginnt, seine Geschichte zu erzählen, du steigst ein, der andere reagiert wieder darauf und so weiter.

Noch keine zwei Monate lebte Maggy Scott in New York, da kaufte sie sich eine eigene B3. Sie steht immer noch bei Freunden auf Long Island. Weg wollte sie damals nicht, Ende 1997, aber da war dieses Angebot, das sie unmöglich ausschlagen konnte, ein Exklusivvertrag zweier Produzenten, der sie zurückbrachte nach Frankfurt. Nun, es kam anders, der Vertrag wurde nicht erfüllt, ja, der verlorenen Zeit trauert sie hinterher.

Zurück nach New York? Zu groß die Angst, plötzlich enttäuscht zu werden. Vielleicht lieber nach Indien, neue Eindrücke sammeln für ihre Arrangements, an denen sie lange sitzt, feilt, mit denen sie sich und ihr Spiel immer wieder herausfordert. Ideen bekommt sie überall und nirgends. Auf einer Sri-Lanka-Reise ist sie mit der Bahn über Land gefahren, "das war so ein offener Zug, an dem die Menschen dranhängen, es war laut und völlig verrückt". Ein anderes Mal war es der Rhythmus von Trommeln, den sie sich notiert hat, den der Wind von weit weg zu ihr trug. Einflüsse für ihre CD "Talking to the World", für die sie Keith Copeland am Schlagzeug gewinnen konnte, New Yorker, aufgewachsen im quirligen Jamaica im Stadtteil Queens. Als GI kam er Anfang der 60er nach Ramstein, an seinen freien Wochenenden war er Stammgast im Frankfurter Jazzkeller. Am Bostoner

Berklee College of Music holt sich Keith Copeland seine formale Ausbildung, später spielt er mit jedem, der Rang und Name hat im Jazzbusiness, und er lehrt, zunächst in Amerika, später in Mannheim und Köln. Wenn ihm danach ist, oder ihr, dann kommt Keith runter in Maggys Zimmer im Bunker oder sie hoch zu ihm. Und dann jammen sie, als wären sie in einem Club in New York.

Wie sie hier so sitzt, an einem sonnigen Tag im Café in Bornheim-Mitte, fühlt sie sich ein bisschen erinnert an New York, ans Village: Die verwinkelten Gassen, die Bistros und Bars, gut gelaunte Menschen, die sich vor allem samstags unter dem Uhrtürmchen um Äpfel und Birnen kabbeln. Der Charme eines Viertels übertrage sich auf die Menschen, glaubt Maggy Scott. Multikulturell, vielfältig, künstlerisch, familiär, so erlebe sie Bornheim. Und die Musik, die sei immer zuerst da, ziehe einen magisch in die Gegend, "man fühlt sich wohl, wo diesem Gefühl entsprochen wird".

Aus dem Hort ist Maggy Scotts Tochter gekommen, sie tobt um die Tische in dem kleinen Café. Ein junger Mann hat seinen Gitarrenkasten vor sich aufgebaut, singt und spielt, nun, leidlich gut. Einen Cent will sie dem Musiker in seinen Kasten werfen, mehr nicht, weil er doch so schlecht spielt. Er könnte sich verletzt fühlen, mahnt die Mutter und drückt der Tochter ein paar Münzen in die Hand. "Ich kenne einen tollen Witz", sagt sie. Der geht so: Treffen sich zwei Musiker, der eine erzählt von seinen unfassbaren Erfolgen überall auf der Welt, ein großartiges Konzert hier, eine wichtige Fernsehshow da. Der Kollege schüttelt nur den Kopf, nichts gehört davon, nichts gelesen. Ach und neulich, da habe er sich ein klein wenig verspielt, bei einem Auftritt in New York war das. Sicher, sagt der andere gleich, davon habe er gehört. Selbstverständlich.

DEM WAHREN SCHOENEN GUTEN.

hamburger mit käse oder handkäs mit musik?
Fishburger with cheese and jazz.

coffee to go oder gemütliches kaffeekränzchen?
Gemütliches Kaffeekränzchen.

bahn oder taxi?
In Deutschland Bahn, in New York Taxi und U-Bahn.

zur entspannung raus aufs land oder rein ins gewimmel?
Rein ins Gewimmel.

wolkenkratzer oder fachwerkhäuser?
Wolkenkratzer und dazwischen ein paar Fachwerkhäuser.

heimweh oder fernweh?
Fernweh.

die cosbys oder die hesselbachs?
Keins von beiden.

museumsufer oder museum of modern art?
Hier dafür beides.

anstoßen mit einem glas ebbelwei oder einem manhattan?
Eindeutig: Manhattan.

frankfurt oder new york?
Am liebsten beides.

unter uns: Für Jazz-Neulinge ist das "Blue Note" im Village empfehlenswert, eine echte Institution. In Greenwich Village trifft man, zu jeder Tages- oder Nachtzeit Leute, die alle auf dem Weg in den nächsten Club sind. Am besten gefällt mir, dass das Leben auch auf der Straße stattfindet.
Ein kleiner Jazz-Knigge: Geduldig in der Schlange darauf warten, einen Platz zugewiesen zu bekommen; darauf einstellen, nur eine Show zu erleben und danach hinausbefördert zu werden; wer sich an die Bar setzt, knüpft schnell Kontakt und wird in nette Gespräche verwickelt; wenn gespielt wird, herrscht absolute Ruhe, niemand schwätzt; wer das Glück hat, das letzte Set zu erleben, kann sich freuen: Danach wird es richtig gemütlich im Club.

Henninger

anita honis-bohländer – willkommen im club

Sie kam, sie sang, sie blieb: In ihrer Bar in Sachsenhausen spielt sie die Musik, traurig, tröstlich, fröhlich, frech. So, wie es ihr gefällt.

Wenn sie etwas auf den Tod nicht ausstehen kann, sind es diese Geschichten, die anfangen mit "Soundso, Hausfrau, 50". Was das Alter für eine Rolle spielen soll, geht ihr nicht in den Kopf. Schätzen? Kommt nicht infrage. Außerdem viel zu schwierig, diese Frau sieht fabelhaft aus, schwarze Leggins bis übers Knie, Leo-Shirt, schwarze Weste, riesige weiße Ohrringe, die blond getönten Haare toupiert, knallrote Lippen, gefährlich lange Fingernägel.

Wie auch immer, das jedenfalls ist die Geschichte von Anita Honis-Bohländer, von Beruf Sängerin und Club-Besitzerin, Alter völlig gleichgültig, und diese Geschichte beginnt an einem Montagnachmittag, einem sehr heißen Frühlingstag. Im "Balalaika" in Alt-Sachsenhausen ist es schummrig, über den Tischen in der hinteren Ecke verbreitet eine Funzel spärliches Licht. Marius, den sie Maestro nennen, weil er der Mann am Klavier ist, zieht die Rollläden ein Stück hoch. Solange noch keine Gäste da sind - und da wird es 20 Uhr, bis die ersten kommen - gehört der Laden der Sängerin Tracey Mitchem und ihren Schülern, sie proben für ein Musical. Tracey ist streng: Doch, sagt sie, du singst jetzt, ganz gleich, ob du gerade erst von der Arbeit gekommen bist. Tracey motiviert: Du bist fantastisch, sag es, komm schon, sag es so, dass ich es auch glauben kann, fan-tas-tisch. Tracey lobt: Toll, gut gemacht, wirklich.

Anita Honis-Bohländer wischt über die Holztische, räumt hinter der Theke auf, fegt. Spät geworden gestern, außerdem plagt sie eine Erkältung. Bevor das "Balalaika" aufmacht, möchte sie sich noch ein wenig Ruhe gönnen, ein

Stockwerk höher in ihrer Wohnung. "Anita, diesen Song musst du dir aber unbedingt noch anhören", sagt Tracey. Also holt Anita sich ein Gläschen Rotwein, setzt sich an einen der Tische und hört der jungen Frau zu, die davon singt, wie es wäre, ein Star am Broadway zu sein. "She's good", sagt Anita, lächelt und wippt mit den Füßen, die in Flip-Flops stecken, im Takt. Jeder hat seine Chance verdient, das hat sie das Leben gelehrt.

Anita Honis-Bohländer lebt länger schon in Deutschland als sie je in Amerika gelebt hat. In Harlem ist sie aufgewachsen, dem Herzen der afroamerikanischen Kultur. Längst schaut niemand mehr abfällig auf dieses Viertel, nicht mal mehr hinter vorgehaltener Hand würde jemandem der Satz "never do the Hundreds" über die Lippen kommen. Gentrifizierung nennt sich das, die Aufwertung einer Gegend ist damit gemeint. Untrügliches

Zeichen: Starbucks brüht in einem Eckladen Kaffee auf, GAP verkauft T-Shirts, und spätestens seitdem Ex-Präsident Bill Clinton an der Kreuzung 125. Straße und Adam Clayton Powell Jr.-Boulevard sein Büro bezogen hat, steigen in Harlem die Mieten saftig.

Der Vater kam aus Panama, die Mutter aus South-Carolina, in New York sind sie sich begegnet. Anita ist die Älteste ("Hey, Sie können es nicht lassen, oder?") der vier Geschwister, zwei Brüder und eine Schwester hat sie noch. Zur Schule konnte Anita laufen, ein paar Straßen nur vom Elternhaus entfernt wurde sie in einer katholischen Einrichtung unterrichtet. Als sie acht Jahre alt war, ist die Familie umgezogen in die Bronx, wo der Vater ein Haus gekauft hatte. Acht Jahre später, im letzten Jahr ihrer Highschool-Zeit, hat es die Familie nach Teaneck in New Jersey verschlagen, einen dieser typischen New Yorker Vororte. "25 Minuten über die Washington Bridge, und wir waren wieder in der Stadt."

"Wenn man in New York etwas erreichen will, muss man es wirklich ernst meinen, sehr ernst. Man muss gut aussehen, singen können, schauspielern, braucht viel Talent, starken Willen und Energie, weil von überall auf der Welt die Menschen kommen und man mit ihnen im Wettbewerb steht." Dieser Biss hat Anita Honis-Bohländer gefehlt. "Ich wollte einfach nur vor Menschen singen." Und noch ein Wunsch spukte in ihrem Kopf herum: "In Europa leben." Leidenschaftlich gern habe sie sich die italienischen, schwedischen, französischen Filme angeschaut, die mit Untertitel im Kino liefen. Als sie "Three Coins in the Fountain" sah, "Drei Münzen im Brunnen", gnadenlos kitschig und hoffnungslos romantisch, habe sie sich Hals über Kopf in Italien verliebt. "Also habe ich mir bei einer Telefongesellschaft einen Job gesucht und für eine Reise gespart." Als sie endlich das Geld zusammenhatte, wurde der Vater schwer krank, im Jahr 1959 war das. "'Du fährst', hat er mir gesagt und alle Bedenken zerstreut." Also ist sie gefahren und ist ihm

noch heute dankbar dafür, dass er sie hat ziehen lassen. Nichts Traurigeres gibt es im Leben als verpasste Chancen. "Wenn sich eine Möglichkeit auftut, muss man sie nutzen", sagt sie. Das hat sie immer so gehalten.

Für zwei Wochen Europa reichte ihr Erspartes, drei Tage der Rundreise waren für Rom vorgesehen – "ich blieb die volle Zeit, weil ich so überwältigt war von Rom". Sicher wäre sie gern geblieben, aber ziemlich schnell war ihr klar geworden, wie schwer es werden würde, einen Job zu finden und den Alltag zu bestreiten. Das Leben ist eben doch keine Schnulze. Zurück in New York, nahm Anita Honis Gesangsunterricht, und sie schaute sich um nach Jobs, "ich wollte unbedingt meine Chance haben". Ihr Lehrer verschaffte ihr einen Kontakt zu einem Agenten, sie schickte ihm eine Kassette mit Aufnah-

men, tatsächlich wurde sie ausgewählt und auf Tournee nach Europa geschickt. In Ankara in der Türkei hatte sie ihren ersten Auftritt, im "Ankara Palace", einem feinen Hotel, in dem sie jeden Abend für 20 Minuten auf der Bühne stand. Irgendwann musste sie mit der Wahrheit herausrücken, dass sie keine professionelle Sängerin ist, keinerlei Erfahrung hat, kein einziges Notenblatt besitzt, Abendrobe sowieso nicht – oder doch nicht? "Ich habe ihnen erzählt, dass mein Gepäck gestohlen worden sei", sagt sie. Was sonst, bitte, hätte sie sagen sollen? Und singen, na, das konnte sie, "das hat mich gerettet". Also sang sie Klassiker, Evergreens, von Ella Fitzgerald und Louis Armstrong. "Ich bin tatsächlich durchgekommen damit – und habe mich gefühlt wie im Himmel." Nie und nimmer habe sie geglaubt, eines Tages mit ihrem Gesang ihren Lebensunterhalt bestreiten zu können.

Für ein Jahr hatte sie einen Vertrag unterzeichnet, trat beispielsweise in der Schweiz und in Spanien auf und sollte schließlich die amerikanischen Soldaten in Frankfurt unterhalten. 1964 ist Anita Honis-Bohländer zum ersten Mal am Hauptbahnhof angekommen. Dieses Gefühl, es war plötzlich da, einfach so. Ein Gefühl, das sie nicht gespürt hatte, als sie in Berlin war oder in München. "Ich habe sofort zu Frankfurt eine Verbindung gehabt." Dabei kannte sie keine Menschenseele und war völlig auf sich allein gestellt. An einem Abend - sechs Tage nach ihrer Ankunft - machte sie die Bekanntschaft von Carlo Bohländer, jenem Carlo Bohländer, der legendär ist als Jazz-Trompeter; der - unter anderem - den "Jazzkeller" gegründet hat, der, ein bisschen elitär, "Domicile du Jazz" heißen sollte, aber bis heute nur "der Keller" genannt wird, dieses Gewölbe an der Kleinen Bockenheimer Straße. Sie unterhielt sich mit Carlo keine 20 Minuten, und sie spürte es wieder, dieses Gefühl, diese Verbindung. "Ich bin auf die Toilette gegangen, habe in den Spiegel geschaut und vor mich hingesagt: 'Anita Bohländer'. 'Anita Bohländer.'" Ein Jahr später heirateten sie, die New Yorkerin und der Frankfurter, am 15. März, einem wundervollen Frühlingstag, um 12 Uhr mittags.

Anita Honis-Bohländer ist niemand, der sich gern das Leben schwer macht. Heimweh? Hat sie nicht. "Ich vermisse nichts, weil ich alles, was mir wichtig ist, bei mir trage", sagt sie und klopft auf ihr Herz, "auch ein Stück New York, ganz sicher." Sie habe wundervolle Menschen um sich herum, zum Beispiel ihren Sohn John ("Wie alt er ist? Ach, bemühen Sie sich nicht."). Oft steht er im "Balalaika" hinter dem Tresen. Und sie lernt neue Leute kennen. "Es liegt doch immer an einem selbst, was man aus seinem Leben macht."

Angefangen hat es 1968 in der Dreikönigsstraße, im alten "Balalaika", gar nicht weit weg vom Mainufer. Ein bisschen ruhiger als in der Innenstadt geht es im Stadtteil Sachsenhausen zu. Selbst Goethe, dem Frankfurter Lebemann, wurde seinerzeit das Treiben in der engen Altstadt zu viel. Dann setzte er über mit einem Kahn auf die andere Mainseite, nach "dribdebach", nach Sachsenhausen. Die Menschen schlendern oder radeln durch die Gassen, pflegen das, was die Amerikaner gern als "Gemütlichkeit" bezeichnen und sogar in ihren Wortschatz übernommen haben. Liegt's am Ebbelwei? An den Originalen, die die Kneipen und Restaurants zu dem machen, was sie sind, Orte zum Wohlfühlen, so wie das "Balalaika"?

Wie das eben manchmal so ist im Leben. Jemand kennt jemanden, der jemanden kennt - jedenfalls wurde für das "Balalaika" ein neuer Mieter gesucht. Ob ihr Mann vielleicht Interesse habe? Hatte er nicht, er schrieb damals gerade ein Buch über Jazz, war eingedeckt mit Arbeit. Aber sie, sie hatte Zeit, kümmerte sich hauptsächlich um Baby John und suchte ohnehin nach einer Aufgabe. Sie betrat den Laden: ein Raum nur, alte Holztische, nichts Schickes, im Gegenteil, und sie wusste: "Das ist mein Club. Ich habe mich sofort gut gefühlt, es war, wie nach Hause zu kommen." Sie schleppte ihren Mann hin, Gott, sagte er, was kannst du verlieren, hier ist ja nichts. "Ich habe den Club gemietet."

Wieder eine Chance, wieder hat sie sie genutzt. "Ich wusste nichts darüber, wie man einen Club führt. Aber ich wollte es schaffen." Vor allem unter der Woche herrschte Hochbetrieb, alle kamen. Joschka Fischer, der damals Taxi fuhr; Daniel Cohn-Bendit, der studierte; Ivan Rebroff, den Anita schon kannte, als er noch Hans hieß und in Berlin-Spandau lebte; Inge Meysel nach einem Auftritt, sie sang mit den anderen Gästen den "Bananaboat-Song"; Boxer Muhammad Ali, der auf Lesereise war. Manche schauten auch im "Balalaika" vorbei, um zu sehen, wer um alles in der Welt diese schwarze Frau ist. "Wenn sie fragten, ob ich Deutsche bin, dann antwortete ich: Ja, Schätzchen, ich komme aus dem Schwarzwald." Ein Satz, den sie auf Deutsch sagt, und sie lacht, ein tiefes, herzliches Lachen. "Ich bin nicht leicht zu verletzen", sagt sie, "wir haben doch alle mehr gemeinsam, als uns

trennt." Außerdem liebt sie Frankfurt, die Frankfurter, und was man ausstrahlt, das bekommt man auch zurück.

Als ihre Eltern zu Besuch waren in Deutschland, sollten sie natürlich auch den Club sehen. "Ich war so stolz", sagt Anita Honis-Bohländer. Sie hatte alles gerichtet, zündete Kerzen an, führte die Eltern durch die Tür. Die gemütliche Atmosphäre gefalle ihm, habe der Vater gesagt. Am Gesicht der Mutter habe sie ablesen können, dass der Club, so dunkel und düster, ganz und gar nicht ihren Vorstellungen entsprach. "Hast du die Stromrechnung nicht bezahlt?", fragte die Mutter. Anita lacht auch darüber. Ihre Eltern haben sie nie singen gehört, seltsam eigentlich, sagt sie. Auch mit Carlo, ihrem Mann, der vor vier Jahren gestorben ist, hat sie nie Musik gemacht. "Wir haben nicht die gleichen Sachen gemacht", sagt sie. Er, der Jazz-Theoretiker, ist immer wahnsinnig kritisch gewesen, hat ihr gesagt, sie müsse Fachbücher studieren. Nein, hat sie ihm geantwortet, singen, das müsse sie. Jazz und Blues und Calypso und Arien, was auch immer. Woran sie gerade Spaß hat, was ihr in den Sinn kommt.

Vor zwei Jahren ist das "Balalaika" in die Schifferstraße umgezogen. Den Namen hat Anita Honis-Bohländer beibehalten, das Klavier von der

Dreikönigsstraße hergeschafft, die alten Holztische sowieso. An einen Tisch passen sieben Leute, und wenn man zusammenrückt, noch ein paar mehr. An den Wochenenden ist der Club meist rammelvoll, Frankfurter, Fremde, Alte, Junge, viele "Stammguests", sagt Anita Honis-Bohländer, die kommen, weil das "Balalaika" ihr zweites Zuhause geworden ist. Heiß ist es. Laut. Rauchig nicht mehr. Wer rauchen will, muss vor die Tür, und dennoch hängt dieser ganz bestimmte Geruch in der Luft, diese Mischung aus Bier und Wein, Schweiß und Staub, dieser Geruch, der jedem, der hereinkommt, sagt: Setz dich, hier ist ein guter Platz, es wird spät heute, spät, aber lustig.
Wenn es draußen richtig dunkel ist und nur die Flammen der Kerzen in den alten Weinflaschen flackern, kommt Anita durch eine Seitentür ins "Balalaika". An diesem Abend ist Besuch aus Übersee da, Amerikaner, die auf den Stühlen vor dem Tresen hocken, Bier trinken. Sie wollen unbedingt ein Foto mit Anita machen. "Okay, Honey", sagt sie und lächelt in die Kamera. Dann nimmt sie ihre Gitarre, die an der Wand neben dem Klavier hängt, rückt ihren Hocker so, dass sie ihre Gäste im Blick hat. "Give me five", sagt sie zu den jungen Leuten am Tisch gleich neben der Tür, die sich so angeregt unterhalten. Fünf Minuten Ruhe, bitte, Anita singt. Von dem Mann, den sie liebt, singt sie, eines Tages, ganz sicher, wird er vorbeikommen. Sonntag, Montag, Dienstag, egal, sie werden sich finden, sie und "The man I love". Die Gäste klatschen und sie sagt ein bisschen verlegen Dankeschön, dann singt sie noch "Mr Bojangles" und "Coconut Woman". Später, viel später in dieser Samstagnacht, greift Anita noch mal zur Gitarre, einen Song aus ihrer Heimat möchte sie singen, Frankies "New York, New York", was sonst?

"You can do it anywhere", sagt sie. Überall kann man es schaffen. "Ich habe es in Frankfurt geschafft." Frankfurt, das ist ihr Zuhause, hier hat sie ihr "Balalaika". Und damit ist diese Geschichte zu Ende. The End. Ach was: Happy End.

hamburger mit käse oder handkäs mit musik?

Hamburger mit Käse.

coffee to go oder gemütliches kaffeekränzchen?

Kaffeekränzchen.

bahn oder taxi?

Taxi.

zur entspannung raus aufs land oder rein ins gewimmel?

Raus aufs Land.

wolkenkratzer oder fachwerkhäuser?

Fachwerkhäuser.

heimweh oder fernweh?

Beides.

die cosbys oder die hesselbachs?

Die Cosbys.

museumsufer oder museum of modern art?

Beide.

anstoßen mit einem glas ebbelwei oder einem manhattan?

Mit einem Manhattan.

frankfurt oder new york?

Beide.

unter uns: Wenn mir das "Balalaika" nicht gehören würde, wäre es die Bar, in die ich in Frankfurt am liebsten hingehen würde.

RBS
STAR ALLIANCE

norbert wölfle – manhattan transfer

Über den Wolken fühlt sich der Lufthansa-Pilot grenzenlos frei. Der Frankfurter genießt es, zwischen FRA und JFK zu pendeln.

Um bei der Wahrheit zu bleiben: Norbert Wölfle fliegt am liebsten nach San Francisco. (Sie ahnen es: am zweitliebsten fliegt er nach New York). Nichts gehe über ein entspanntes Abendessen an der San Francisco Bay. Für den nächsten Tag – das ist das Privileg des Flottenchefs – hat er sich im Dienstplan für einen Flug in die kalifornische Stadt eingetragen. Gerade noch meldete sich ein befreundeter Flugkapitän, der von München aus mit seiner Maschine das gleiche Ziel ansteuern wird. Zum Abendessen werden sie sich treffen, an der Bay natürlich, vermutlich wird es fangfrischen Fisch geben, während die Sonne postkarten-kitschig im Pazifik untergeht. Norbert Wölfle freut sich auf diesen Trip, sehr sogar.

Diesem Mann macht sein Beruf einfach unglaublichen Spaß. Seit 37 Jahren, so lange schon ist Norbert Wölfle bei der Lufthansa in Frankfurt beschäftigt. Er hat viele Mitarbeiter kommen und gehen sehen, hat miterlebt, wie aus dem Staatsunternehmen eine Aktiengesellschaft wurde, hat zwei Ölkrisen und zwei Golfkriege verfolgt, genauso wie den Kampf um die Startbahn West. Norbert Wölfle zählt zu jenen, die das Unternehmen am liebsten hat: Blutjung ist er zur Fliegerei gekommen, hat sich stetig und geradezu vorbildlich entwickelt, und er wird in Rente gehen bei der Kranich-Linie, in nicht mehr ganz zwei Jahren ist es so weit.

"Mit 20 Jahren wusste ich, dass ich Pilot werden möchte", sagt Norbert Wölfle. Es war ein Sonntag im Sommer 1970, die Boeing 747, Wunderwerk der Technik, war auf Roadshow. "Mein Vater hatte in der Zeitung gelesen, dass die 747 in Stuttgart Station macht, also sind wir hingefahren." Die 747, liebevoll Jumbo genannt, ein Flugzeug, wie es die Welt noch nicht gesehen

hatte: Mit Platz für fast 400 Passagiere und einer zweiten Etage im vorderen Drittel der Maschine, die ihr den markanten Buckel verleiht. "Mir war sofort klar: Da will ich rein", sagt Norbert Wölfle.

Was folgte, sind die klassischen Stationen: Abitur, Bundeswehr, fliegerische Ausbildung in Bremen und Arizona; 1973 Copilot auf der 727, der 707 und der DC-10; 1987 Kapitän auf der 737, Ausbildungskapitän, technischer Pilot. Wenn der Flugkapitän von seiner aufregendsten Zeit spricht, meint er damit die Jahre 1990 bis 1992, als er für die Lufthansa 30 nagelneue 737-Flugzeuge aus Seattle abholte. Drei Tage dauerte das Prozedere jeweils, bei dem er zusammen mit Ingenieuren die Flugzeuge peniblen Tests am Boden und in der Luft unterzog. "Mit dem leeren Flugzeug ging es zurück, das war unheimlich spannend", sagt Wölfle. Seit 1998 ist der heute 58-Jährige Chef der Boeing-747-Langstreckenflotte der Lufthansa AG, somit Herr über 30 Jumbojets und 692 Piloten.

Das Büro von Norbert Wölfle befindet sich in der Lufthansa Basis am Tor 21. Man kennt sich, grüßt sich, auf der Straße, im Lift, auf den schmalen Gängen des Großraumbüros, "ach, auch mal wieder hier", "komme gerade aus Kanada", "muss heute zum Erste-Hilfe-Kurs", Männer und Frauen in den markanten dunkelblauen Uniformen, mit Rollkoffer oder Aktentasche. Das Büro des Flottenchefs ist sparsam eingerichtet, großer Schreibtisch, großer Besprechungstisch, große Weltkarte an der Wand. Der schlanke, grauhaarige Mann wirkt wie der Vertraute, zu dem man gern kommt, wenn es mal nicht so läuft, wenn es ein Problem gibt. Er strahlt Ruhe aus, Gewissenhaftigkeit und Begeisterung, ganz große Begeisterung für das, was er tut. Am Kleiderständer neben der Eingangstür hängt seine Kapitänsjacke in Plastik gehüllt. Auch wenn die Management-Aufgaben überhand genommen haben – einmal im Monat fliegt der Chef selbst, und wenn es sich irgendwie einrichten lässt, auch noch ein zweites Mal.

Frankfurt International – das klingt nach großer, nach weiter Welt, nach Millionen Menschen, die kommen, ganz viele auch, um zu bleiben. Immerhin: Leute aus 180 Nationen nennen Frankfurt ihr Zuhause. Mit dem Flughafen lässt sich Staat machen: Mehr als 52 Millionen Passagiere beginnen oder beenden hier ihre Reise jedes Jahr, an die 100 Airlines verbinden mehr als 300 Ziele in 110 Ländern. Allein die Lufthansa startet und landet mehr als 1.700-mal täglich auf dem Rhein-Main-Airport, bringt 138.000 Fluggäste an ihr Ziel, bewegt 4.800 Tonnen Fracht – Zahlen, einer "big city" würdig.
Die Strecke von FRA nach JFK und EWR – so lauten die internationalen Codes für den Frankfurter Rhein-Main-Flughafen und die Airports John F. Kennedy im Westen New Yorks und Newark, östlich der Stadt und schon in New Jersey gelegen – ist die beliebteste interkontinentale Verbindung der Lufthansa-Fluggäste. Fünfmal am Tag verbindet die Linie Mainhattan mit Manhattan. Schon um 8.15 Uhr startet die erste Maschine, die die Leute vom Fach "Bank-Shuttle" nennen. Will heißen: Den ersten Becher Kaffee am frühen Morgen holen sich die Passagiere noch im Coffee-Shop auf der Fressgass, den Burger with Fries nach dem Meeting gibt es in New York.

Norbert Wölfle denkt einen Moment nach. "Also 100 Mal bin ich die Strecke Frankfurt – New York bestimmt schon geflogen." Erst bei Distanzen ab 4.200 nautischen Meilen sitzen ein Kapitän und zwei Copiloten im Cockpit. Nach New York sind es 3.837 nautische Meilen oder umgerechnet knapp 7.107 Kilometer, da ist das Cockpit mit zwei Mann – oder Frauen, 200 Kapitäninnen fliegen bei der Lufthansa – besetzt. Exakt eine Stunde und 40 Minuten vor Abflug trifft sich die Crew, um die Flugunterlagen durchzugehen. Von diesem Moment an geht alles seinen höchst professionellen Gang. "Wir halten Disziplin, das muss so sein", sagt Kapitän Wölfle. Nichts Schlimmeres gebe es als Überheblichkeit im Cockpit. "Jeder verantwortungsvolle Pilot muss sich bewusst sein, dass er in einem komplexen Umfeld arbeitet und keinen Fehler machen darf. Da ist Demut oberstes Gebot."

Dabei schaut niemand so dermaßen von oben herab auf Frankfurt wie Kapitän Wölfle. Auf das Fußballstadion, das die Frankfurter immer noch am liebsten Waldstadion nennen, auch wenn es ganz offiziell den Titel Commerzbank-Arena trägt. Wunderschön zu sehen aus luftiger Höhe: Über dem Kessel schwebt strahlend weiß das Dach. Schwebt? Von wegen, Stahl und Seile wiegen 2500 Tonnen, die von Pfeilern und Säulen getragen werden. Und während das Flugzeug steigt und steigt, zieht der Messeturm vorbei, der Commerzbank-Tower, der Fernsehturm. "Klar, wenn man das sieht, denkt man schon an ein Mini-Manhattan." Und dann, sechs Flugstunden später, feststellt: "Das ist ein Klacks, New York, das ist das Urgestein." Doch bei der Landung auf Kennedy International ist nichts mehr mit Aus-dem-Fenster-schauen. "Wir sind total auf die Instrumente konzentriert", sagt der Kapitän.

24 Stunden bleiben den Crewmitgliedern in New York. Die Besatzung ist meist in einem Hotel am Times Square untergebracht, dort, wo die Lichter der Großstadt niemals ausgehen, wo der Puls der Stadt schlägt. Geschätzte 438 Millionen Menschen treffen an der Kreuzung der Welt aufeinander. "Ich genieße diese pulsierende Atmosphäre sehr", sagt Norbert Wölfle. Um die innere Uhr auszutricksen, die wegen der Zeitverschiebung aus dem Takt geraten ist, geht er zu Fuß, bewegt sich, tankt Sauerstoff. Ein Abendessen in einem schönen Steak-Restaurant, ein Absacker in einer Rooftop-Bar, manchmal sogar ein Musical-Besuch, "das ist schon drin", sagt Norbert Wölfle.

Auch am 11. September 2001, dem Tag der Terroranschläge, war Kapitän Wölfe über dem Atlantik auf dem Weg in die USA nach Washington. Als ihn die schrecklichen Nachrichten über Funk erreichten, drehte er mitten über dem Nordatlantik bei 30 Grad westlicher Länge um, um nach Frankfurt zurückzufliegen. Länger als eine Woche saßen die übrigen Maschinen seiner Flotte, deren Piloten nicht so schnell reagieren konnten, in Kanada fest. Von Frankfurt aus organisierte Wölfle die Versorgung seiner gestrandeten

Besatzungen und der Passagiere. "30 Großraumjets sind damals in einem 1800-Seelen-Ort festgesessen", erinnert sich Wölfle. Als Dankeschön für die große Gastfreundschaft der Kanadier nannte die Lufthansa ihren Airbus A340-300 "Gander/Halifax". "Als ich Wochen später nach New York geflogen bin, hat es aus den Trümmern noch immer gequalmt und geraucht, das war wahnsinnig bedrückend."
Alles sei schwieriger geworden seit den Anschlägen, die Sicherheitsvorkehrungen, die Abfertigung, die Kontrollen. Privat muss er das nicht haben, da geht er lieber zum Wandern nach Österreich, Südtirol, ins Engadin. In Hessen, seiner Wahlheimat seit den 1970er Jahren, fühlt Norbert Wölfle sich außerdem ausgesprochen wohl, er schätzt die gemütliche, ländliche Atmosphäre im Rheingau, in Eltville, wo er mit Frau und Sohn lebt.

Ein Geräusch, Norbert Wölfle schaut aus dem Fenster. "Hören Sie das?", fragt er. "Unser Jumbo." Um diese Zeit - es geht auf 13 Uhr zu - wird der Flieger wohl gen Washington starten, tippt er, vielleicht auch nach Toronto, auf keinen Fall aber nach Indien, diese Flugzeuge gehen später, der Jumbo starte gerade aus dem Mittagsknoten heraus. Neidisch auf den neuen A380, das modernste, wirtschaftlichste Flugzeug, das je entwickelt wurde? Norbert Wölfle empört sich. "Bitte", sagt er, "schauen Sie doch selbst." Er zeigt auf das Flugzeug-Modell auf seinem Schreibtisch. Die neue 747-800 im Mini-Format, der Langstreckenflieger, den Boeing nach beinahe 40 Jahren noch mal frisch gemacht hat, soll die Lücke füllen zum größten Passagierflugzeug der Welt. "Ist das ein Flugzeug?" Eine Frage, ja, aber keine, auf die Norbert Wölfle ernsthaft eine Antwort erwartet.
Im Oktober 2010 soll die erste Boeing dieses Typs von FRA starten. Dann wird Norbert Wölfle Flugkapitän im Ruhestand sein, weil er bis dahin die Altersgrenze von 60 Jahren erreicht hat. Sicher, sie werden ihn einladen zur Vorstellung, zum Zuschauen, Applaudieren. "Aber fliegen ist doch was ganz anderes."

hamburger mit käse oder handkäs mit musik?
Am liebsten dann doch Maultaschen mit Kartoffelsalat.

coffee to go oder gemütliches kaffeekränzchen?
Hauptsache aus einer Porzellantasse.

bahn oder taxi?
Taxi ist pünktlicher, fahre aber am liebsten selbst.

zur entspannung raus aufs land oder rein ins gewimmel?
In die Berge.

wolkenkratzer oder fachwerkhäuser?
Kann beides sehr schön sein.

heimweh oder fernweh?
Möglichst die ganze Welt kennenlernen bei einem schönen Fixpunkt zu Hause.

die cosbys oder die hesselbachs?
Egal.

museumsufer oder museum of modern art?
Beides höchst sehenswert.

anstoßen mit einem glas ebbelwei oder einem manhattan?
Ebbelwei.

frankfurt oder new york?
Beide Städte sind faszinierend.

unter uns: Das Stöffche wird stilecht aus dem Bembel ins Gerippte eingeschenkt, es gibt Handkäs mit Musik, Sauerbraten und Haxe, kurzum: Im Gasthof "Seppche" in Alt-Schwanheim lässt sich "Hessen à la carte" speisen.

ines stickler
ist Autorin und lebt nahe Frankfurt. Sie volontierte bei der Frankfurter Rundschau, wo sie zuletzt im Politik-Ressort als Redakteurin tätig war. 1998 wurde sie von der Christophorus-Stiftung Hamburg mit dem Autoren-Anerkennungspreis ausgezeichnet. Sie arbeitete unter anderem in New York als Guest Editor bei der jüdischen Traditionszeitung Aufbau und berichtete zuletzt als Korrespondentin aus London für Zeitungen und Magazine.
www.ims-jb.com

unter uns: Wir haben was zu feiern. Also die ganze Bagage – für Nicht-Frankfurter: Omas, Opas, Mütter, Väter, Brüder und Schwestern – einpacken und im Ebbelwei Express durch Frankfurt rattern. Vorbei an Dom und Römer, an der Festhalle und am Museumsufer. Dazu einen Schoppe petze oder zwei – also Apfelwein verkosten, ist doch klar – und eine Brezel. Vertraut, ja, und doch immer wieder neu.

anika kempf (geb. köhne)

ist Fotografin und lebt in Frankfurt. Sie studierte Foto-/Film-Design am Fachbereich Gestaltung der Fachhochschule Bielefeld mit Studienabschluss Diplom Fotodesignerin. Währenddessen absolvierte sie ein Auslandsstudium am Royal Melbourne Institute of Technology/RMIT in Melbourne, Australien. 2003 wurde sie zur Koblenzer Stadtfotografin ernannt. Sie nimmt an zahlreichen Ausstellungen teil und arbeitet für Magazine. *www.kempf-photography.de*

unter uns: Fahrradfahren entlang der Nidda und durch den Volkspark Niddatal ist wie Urlaub. Wenn ich dort durch die wogenden, summenden Wiesen radele, mit Blick auf die Frankfurter Skyline und den "Spargel", dann kann ich immer kaum glauben, dass ich noch in Frankfurt bin.

ahron weiner

ist Fotograf und lebt in New York. Von Prag aus, wo er einige Jahre verbrachte, bereiste er Europa, um die Relikte des verschwindenden jüdischen Erbes zu dokumentieren. Seine künstlerischen und kommerziellen Arbeiten wurden in USA, Israel und Europa veröffentlicht. Derzeit arbeitet er an einer Fotodokumentation über die Wallfahrt zu Rosh Hashana, dem jüdischen Neujahrsfest, nach Uman, Ukraine.
www.bulbphoto.com

unter uns: Ich habe Kunstgeschichte studiert und viele tolle Tage am Metropolitan Museum of Art verbracht. An der Fassade des Gebäudes gibt es architektonische Elemente, die nicht fertig gestellt wurden. Dazu zählen Nischen links und rechts am Haupteingang an der Fifth Avenue. Wenn das Museum geschlossen war, bin ich auf einen der Sockel in diesen Nischen geklettert - stundenlang kann man da sitzen und lesen. Und die Sicht auf die Stadt ist einmalig.

norbert hetkamp

ist Grafiker und Mitinhaber der Werbeagentur "Agentur November" in Frankfurt. Nach seinem Designstudium bei Parsons in New York zog es ihn an die Elbe nach Hamburg, wo er einige Jahre als Art Director in Werbeagenturen für Lifestyleprodukte und Food arbeitete. Nach Frankfurt wechselte er zum neuen Millennium. Für einige Jahre arbeitete er als Creative Director für Food- und Wohnmagazine. Seit Sommer 2008 ist er wieder in der klassischen Werbung zuhause.

www.agenturnovember.de

unter uns: Frankfurt gehört nicht nur architektonisch zu den interessantesten Städten Deutschlands, sondern auch wegen seiner vielen Kleinode wie dem ehemaligen Wasserschloss und der heutigen Apfelweinkneipe "Zur Stalburg" und dem im Nebengebäude beheimateten hervorragenden "Stalburg-Theater" mit rund 100 Sitzplätzen im Nordend. Ein Genuss für Fans von sinnig-intelligenter und humorvoller Theaterkultur.

mainhattanmanhattan

Links - und rechts des großen Teichs
Bagel von H&H, Bembel beim "Seppche":
New York und Frankfurt durch die Augen von
New Yorkern und Frankfurtern.

Aedes

Altes Europa mitten in Manhattan: In der Parfümerie im Village geben sich Stars und Stammkunden die Klinke in die Hand.
www.aedes.com

Balalaika

Der junge, blonde Mann greift zur Gitarre, singt davon, dass er grüne Bäume sieht und auch rote Rosen, "what a wonderful world". Er singt für sich und für die anderen, die an diesem Abend in die Bar in Sachsenhausen gekommen sind. Anita Honis-Bohländer bietet jedem eine Bühne, und ganz oft ist sie selbst der Star.
www.balalaika-frankfurt.de

Big Apple Greeter

Seit 1992 begleiten New Yorker - heute sind es etwa 400 Freiwillige - Besucher durch ihre Stadt, führen vor, mit welchem Schwung die Metro-Karte durch den Schlitz am Eingang gezogen werden muss; verraten, wo der schönste Fleck im Central Park ist; erklären, warum Harlem und Bronx längst keine Viertel mehr sind, in denen man sich fürchten muss. Die Big Apple Greeter sprechen besonders auch Behinderte an. Greeter, die eventuell auch eine Behinderung haben, zeigen, wie Subway und Bus mit dem Rollstuhl benutzt werden und geben Tipps und Tricks weiter.
Die Stadtspaziergänge sind kostenlos; die Volunteers freuen sich über ein Mitbringsel aus Deutschland oder eine Einladung zum Kaffee.
www.bigapplegreeter.org

Blue Note

Liebhaber aus der ganzen Welt pilgern ins "Blue Note" im Village. Alles kann hier passieren, zum Beispiel, dass die Stars von gestern - Stevie Wonder oder Tony Bennett - mit denen von morgen auf einer Bühne stehen.
www.bluenote.net

Café Steinhof

"Wer braucht Bayern?", fragte das "New York Magazine" in seiner Restaurantkritik. Schließlich gibt es im "Steinhof" in Brooklyn Gulasch, Spätzle und Bier.
www.cafesteinhof.com

Central Park

Picknick, Konzerte, eislaufen, Baseball spielen, Rollschuh fahren, joggen, eine Kutschfahrt machen, eine lauwarme "New York Pretzel" bei einem der silbernen Wagen kaufen - unbegrenzte Möglichkeiten im Park im Herzen New Yorks. Klein und fein ist der Zoo, wo das scheue, rappeldürre Mousedeer, ein Hirschferkel, lebt.
www.centralpark.com

Circle Line

Bevor die Schifffahrt beginnt, bestehen die Veranstalter auf einem Erinnerungsfoto. Nur wer, bitte schön, recht freundlich in die Kamera lächelt - das Foto mit Logo kann nach der Tour an einem Stand gekauft werden -, darf an Bord. Plätze gibt es oben und unten, drinnen und draußen.
www.circleline.com

Cocoon Club

So und nicht anders stellt sich Sven Väth, der Gottvater des Techno, den Club des 21. Jahrhunderts vor: Lounge, Essen, Top Acts der internationalen Techno- und Tech-House-Szene.
www.cocoonclub.net

Coney Island

Wer die Badehose einpackt und dazu ein Handtuch und in die B, D, N oder F Richtung Stillwell Avenue-Coney Island (letzter Stopp) steigt und fährt und fährt und fährt, landet irgendwann am Strand. In Coney Island nämlich.

www.coneyisland.com

Commerzbank Arena

Die gute Stube von Frankfurt: Am 21. Mai 1925 wurde das Waldstadion eröffnet, seit dem 31. Mai 2005 steht an der Stelle die Commerzbank Arena. Viele große Spiele sind in dem Stadion am Wäldche ausgetragen worden, zum Beispiel wurde die Fußballweltmeisterschaft 1974 im Waldstadion eröffnet. Außerdem ist die Arena Heimat der Spieler mit dem Adler auf der Brust: der Frankfurter Eintracht.

www.commerzbank-arena.de

Danube

Chef David Bouley gehen so schnell nicht die Ideen aus. Seine Küche ist international und innovativ.

www.davidbouley.com

Deutsche Bank Skyliners

Ihr Maskottchen heißt Dunking Kong, die Cheerleader rocken die Ballsporthalle in Höchst, und die Fans - mit mehr als 300 Mitgliedern sind die Skybembels der größte Basketball-Fanclub in Deutschland - sind eh die besten: Seit 1999 kämpfen die Deutsche Bank Skyliners um jeden Korb.

www.deutsche-bank-skyliners.de; www.skybembels.de

Ebbelwei-Express

Einmal rund um Frankfurt, bitte! Im alten Straßenbahnwagen, ein Glas Ebbelwei in der Hand, kann man Goethes Lieblingsstadt mal aus einer anderen Perspektive erleben.

www.ebbelwei-express.com

Fire Island

Hier sagen sich Fuchs und Hase Gute Nacht und wenn man Glück hat, sieht

man sie sogar beim nächtlichen Spaziergang über den Holzsteg zum Leuchtturm durch die Dünen streifen. Wer einen romantischen Ort für einen Heiratsantrag sucht: voilà! Fire Island liegt in Suffolk County auf der südlichen Seite von Long Island. Die Atmosphäre? "Laid back attitude", sagen die Einheimischen, alles ganz entspannt, Fire Island ist nicht die Hamptons.
ww.fireisland.com

Flughafen Frankfurt
24/7 - 24 Stunden täglich, sieben Tage die Woche ist Betrieb am Frankfurter Flughafen. Von der Besucherterrasse im Terminal 2 lassen sich Starts und Landungen verfolgen.
www.airportcity-frankfurt.de

Frankfurter Hof "Seppche"
Ebbelwei, Stöffche, Äppler, Schoppe - die Frankfurter kennen zig Namen für ihr feines Nationalgetränk. Dazu schmeckt eine Portion Handkäs mit Musik oder Rippche mit Kraut. Das alles und vieles mehr wird im "Seppche" serviert, Frankfurter Flair in Alt-Schwanheim.
www.frankfurterhof-seppche.de

H&H Bagels
Mit Sesam oder Mohn, Zwiebeln oder Rosinen oder ohne alles, also "plain" - jeder so, wie er es mag. Ein Bagel, das ist viel Teig mit einem Loch drin. Am leckersten ist der BLT, ein Bagel mit ausgelassenem Speck, Salatblatt und einer Scheibe Tomate. Oder doch der mit Cream Cheese und Lachs? Wer bei H&H kauft, ist in bester Gesellschaft, Madonna lässt sich die Bagels nach Hause schicken, genauso wie Tom Hanks und Dustin Hoffman.
www.hhbagels.com

Jazzkeller
Satchmo hat hier gespielt, 1954 war das, noch im Gründungsjahr des Jazzkellers. Keine Jazzkneipe in Deutschland ist älter, uriger, mythischer sowieso nicht. "Domicile du Jazz" nannte Musiker Carlo Bohländer den Keller, in dem alle Großen schon zu Gast waren.
www.jazzkeller.com

Kleinmarkthalle

Vanille aus Thailand oder Datteln aus den Emiraten: In der Kleinmarkthalle kann man sich einmal um die ganze Welt futtern. Wer es bodenständig mag, kauft Äpfel aus dem Taunus und Kartoffeln aus Oberrad.
www.kleinmarkthalle.de

Long Island Summer Lounge

Kinder toben auf dem Piratenschiff, Pärchen kuscheln auf den Sofas, Kollegen diskutieren unter Sonnenschirmen - Sommer in der Frankfurter City, genauer: auf dem Dach des Börse-Parkhauses.
www.longislandlounge.de

Madison Square Garden

Cool ist, wer "Garden" sagt. Im Garden geben die Basketballspieler der New York Knicks keinen Ball verloren, singt sich Bon Jovi die Seele aus dem Leib, und in der Winterzeit halten die Zuschauer den Atem an, wenn Bello, der verrückte Clown vom "Ringling Bros. and Barnum & Bailey Circus", durch die Manege tobt.
www.thegarden.com

Maggy Scott

Besser ist es, alles zu vergessen, was man je über die Hammond-Orgel gehört hat. Niemand geht so mit der B3 um wie die Frankfurter Lady of Jazz.
www.maggyscott.de

Maintower

Mit 200 Metern ist der Maintower der vierthöchste Frankfurter Wolkenkratzer. Von der Aussichtsplattform im 54. Stock ist der Blick frei auf Dom, Paulskirche, Goethe-Haus, Römerberg, Alte Oper, Festhalle, Museumsufer, Messegelände und das Bankenviertel. Einen Stock tiefer ist die Aussicht auf gutes Essen verlockend.
www.maintower.de

Martin Schoeller

So viel Ehrlichkeit muss man aushalten können. Der Fotograf zeigt die Menschen, wie sie sind, natürlich, ungeschminkt.
www.martinschoeller.com

Metropolitan Museum

An diesem kleinen Metall-Sticker mit dem verschnörkelten M am Revers sind die Menschen zu erkennen, die gerade im Met Museum waren. Von steinzeitlichen Kultgegenständen bis zu Sonderausstellungen gegenwärtiger Künstler gibt es alles zu sehen im Met. Und wer noch mehr Zeit hat, besucht auch Cloisters am Fort Tryon Park, die Außenstelle des Met. In den Gebäuden und Gärten sind europäische Kunst und Architektur aus dem Mittelalter zu sehen.
www.metmuseum.org

Museum of Modern Art

Kunst kommt von Können und das trifft auf die Sammlung moderner Kunst genauso zu wie auf das Essen, das in den Restaurants serviert wird. Vom "The Modern" hat man den Skulpturengarten im Blick, wo neben Meisterwerken moderner Bildhauerkunst Wasser plätschert und Blätter in den Bäumen rauschen.
www.moma.org

New York City Guide

Wo gibt's die besten Burger? Wie komme ich an eine Metro Card? Welches Musical ist empfehlenswert? Eine Frage, die im NYC-Guide nicht beantwortet wird, muss noch erfunden werden. Dazu tragen die Mitglieder bei - vor allem aber die Reichweins, Marion und Thomas. Wenn jemand New York liebt, dann die beiden. Sie haben sogar 1998 in New York geheiratet. Aus Bequemlichkeit haben die Reichweins den NYC-Guide ins Leben gerufen. Denn sie waren mit ihren Erfahrungen in Sachen Big Apple schnell Anlaufstelle für Freunde, Bekannte und auch ziemlich entfernte Bekannte. Mit ein paar wenigen Seiten rund um das Reiseziel startete das Projekt im Internet im Sommer 2000 mit ungefähr 30 Besuchern am Tag. Bald gesellte sich ein Forum dazu, in dem dann auch jeden Tag ein paar neue Beiträge zu finden waren. Acht Jahre später verzeichnet der NYC-Guide einen Umfang von mehreren Hundert Webpages, ein Forum mit einer engagierten Community und mehr als 80.000 Beiträgen, etwa 75.000 Besuchern im Monat mit ungefähr 60.0000 Seitenaufrufen. Damit ist der NYC-Guide heute das erfolgreichste deutschsprachige Internetprojekt in diesem Themenbereich.
www.nyc-guide.de

Pearl Oyster Bar

"Lobster Roll" ist der Klassiker auf der Karte des kleinen Seafood-Restaurants in Greenwich Village, frischer Hummer in Mayonnaise, serviert in einem schlabberigen Hotdog-Brötchen. Yummie.
www.pearloysterbar.com

Portikus

Auf der Maininsel westlich der Alten Brücke residiert seit Mai 2006 der Neue Portikus, die Kunsthalle der Städelschule. Anzuschauen gibt es junge Positionen ebenso wie aktuelle Werke etablierter Künstler.
www.portikus.de

Prospect Park

Zwei auf einen Streich: Das Architekten-Duo Frederick Law Olmsted und Calvert Vaux legte 1857 den Central Park an, zehn Jahre später den Prospect Park in Brooklyn, der ihnen noch viel besser gefiel. Um die bizarr gewachsene Camperdown-Ulme, die nahe dem Bootshaus steht, ranken sich viele Geschichten, von ihr ist in Gedichten die Rede, und sie ist auf Gemälden zu sehen.
www.prospectpark.org

Ralf Hennig

Der Ball ist rund, das Training spielend leicht, und es zeigt nach Minuten schon erste Effekte.
www.performanceball.com

Saks

Die großen New Yorker Kaufhäuser geben sich das ganze Jahr über viel Mühe mit ihrer Schaufensterdekoration, zur Weihnachtszeit aber sollen die Kunden verzaubert werden. Wie romantisch: klirrende Kälte, Schneeflocken tanzen, Licht glitzert. Von wegen. Die Schlangen sind endlos, ein Wächter kontrolliert, dass niemand aus der Reihe tanzt, der Strom an Besuchern reißt nicht ab; keine Zeit für Fotos, für ergriffenes Staunen sowieso nicht. Allerdings: Morgens um sieben ist die Welt noch in Ordnung, minutenlang lässt sich da verharren, ganz ohne Geschiebe und Geschubse. Und wer Glück hat, begegnet

gegenüber am Rockefeller Center den Kamelen, die in der Krippenszene in der Radio City Music Hall ihren Auftritt haben, beim Morgenspaziergang.
www.saksfifthavenue.com

Steuben-Schurz-Gesellschaft e.V.

Zu Ehren zweier deutscher Auswanderer, die in den USA berühmt wurden: Friedrich Wilhelm von Steuben half George Washington im Unabhängigkeitskrieg und wurde zum Generalinspekteur der Armee ernannt, Carl Schurz kämpfte an der Seite Abraham Lincolns gegen die Sklaverei und wirkte unter Präsident Hayes als Innenminister gegen die Korruption und für die Rechte der Indianer. Gegründet wurde die Gesellschaft mit dem Hauptbüro in Frankfurt 1948; damit ist sie die älteste deutsch-amerikanische Freundschaftsorganisation. Sie ist aktiver Partner in der Förderung der Beziehungen zwischen Frankfurt und New York und Deutschland und den USA. Das Motto von damals gilt noch heute: "Providing stability and friendship in a challenging environment". Monatlich finden Vorträge zu bilateralen Themen aus Gesellschaft, Kultur, Wirtschaft und Wissenschaft statt. Darüber hinaus engagiert sich die Organisation unter Präsidentin Dr. Ingrid Gräfin zu Solms-Wildenfels mit mehreren Projekten in der Nachwuchsförderung und Medienwelt.
www.steuben-schurz.org

Tami Newton

Frauen von Format holen sich Männer von der Stange. Gibt's nicht? Gibt's doch, in der Boutique "LeChic". Na ja. Träumen wird ja noch erlaubt sein.
www.boutiquelechic.com

"The New Yorker"

Wenige New Yorker haben eine Zeitung im Abonnement, die "Times", das "Wall Street Journal" oder die "Newsday" holen sie sich jeden Morgen am Kiosk. Den "New Yorker" allerdings bekommen die meisten wöchentlich an die Haustüre geliefert. Am 21. Februar 1925 erschien die erste Ausgabe, seitdem hat sich das Blatt zur Instanz der Intellektuellen gemausert.
www.newyorker.com

United Nations

Wenn in den Nachrichten Bilder von Sitzungen im Nationalen Sicherheitsrat gezeigt werden, sieht kein Mensch, wie verschlissen die Stühle in dem Saal sind. Bei einer Tour durch das Gebäude (montags bis freitags, 9.45 bis 16.45 Uhr) der Vereinten Nationen an der First Avenue zwischen 42. und 48. Straße schon. Der Rundgang endet im Untergeschoss, wo sich das Postamt befindet. Schöne Erinnerung: Eine Postkarte mit einer UN-Briefmarke, die nur im Amtssitzgebäude aufgegeben werden kann.

www.un.org

Zabars

Wer mit einer dieser weißen Tüten mit grell orangefarbener Aufschrift unterwegs ist, beweist Geschmack. Angefangen hat alles vor fast 75 Jahren mit einem kleinen Fischgeschäft, das Louis Zabar, ein Einwanderer aus der Ukraine, führte - heute macht Zabars 50 Millionen Dollar Umsatz im Jahr mit Delikatessen.

www.zabars.com

Stand: Sommer 2008

letzte worte

Dieses Buch widme ich den Menschen, die mir wichtig sind und denen ich wichtig bin. Ganz gleich, ob wir uns in derselben Stadt, im selben Land, auf demselben Kontinent oder in denselben Sphären aufhalten. Weil die Nähe entscheidend ist, nicht die Entfernung.

Und dieses Buch ist für New York, die Verrückte.
Und für Frankfurt, die Bodenständige.
Oder umgekehrt?